故事里的

三十六计

启 文 主编

中国国际广播出版社

图书在版编目（CIP）数据

故事里的三十六计 / 启文主编 . -- 北京 : 中国国际广播出版社 , 2022.6

ISBN 978-7-5078-5154-0

Ⅰ . ①故… Ⅱ . ①启… Ⅲ . ①兵法－中国－古代－少儿读物 Ⅳ . ① E892.2-49

中国版本图书馆 CIP 数据核字（2022）第 102560 号

故事里的三十六计

主　　编	启　文
责任编辑	林钰鑫
校　　对	张　娜
设　　计	青　蓝

出版发行	中国国际广播出版社有限公司 ［010-89508207（传真）］
社　　址	北京市丰台区榴乡路 88 号石榴中心 2 号楼 1701
	邮编：100079
印　　刷	金世嘉元（唐山）印务有限公司

开　　本	720 毫米 ×1020 毫米　1/16
字　　数	200 千字
印　　张	16
版　　次	2022 年 6 月 北京第一版
印　　次	2022 年 6 月 第一次印刷
定　　价	69.80 元

前言

《三十六计》是一本根据中国古代卓越军事思想和丰富的斗争经验总结而成的兵书，集"韬略""诡道"之大成，素有"兵法谋略奇书"之称，被古今中外许多军事家广泛研习和应用，为后世留下了许多精彩绝伦的成功战例，是中华民族悠久非物质文化遗产之一。

《三十六计》大抵成书于明清时期，具体成书时间与作者已不可考。该书内容大都能在中国正宗的军事学著作中找到理论渊源或依据，是青少年读者了解中国古代军事谋略学的入门必读书。很多学者认为，《三十六计》是南北朝时期的檀道济所著。《南齐书·王敬则传》说："檀公三十六策，走为上计。"此处"檀公"，指的就是檀道济，意思是说：当败局已定，无可挽回，唯有退却，才是上策。

《三十六计》全书共分为六套战法、三十六种计谋，计名多选用民间成语，每一计名称后的"解说"和"按语"，是依据《易经》中的阴阳变化之理及古代兵家刚柔、奇正、攻防、彼己、虚实、主客等对立关系相互转化的思想推演而成，含有朴素的军事辩证法的因素。"解说"后的"按语"，大多数是引证宋代以前的战例和孙武、吴起、尉缭子等兵家的精辟语句。

时至今日，《三十六计》已被译为近30种文字在世界范围内广泛流传。不过，《三十六计》原书由文言文写成，对青少年读者来说存在一定的阅读难度。为了帮助青少年读者更好地阅读和理解这部古代奇书的核心内容，我们在尊重原书的思想脉络、编排体例的前提下，精心编写了《故事里的三十六计》。

《故事里的三十六计》按原书的计名排列，共分六部分：胜战计、敌战计、攻战计、混战计、并战计、败战计。前三部分是处于优势所用之计，后三部分是处于劣势所用之计。每部分包含六计，总共三十六条计谋。

本书正文由"妙计破译"和"经典案例故事"两部分组成。为了减轻读者的阅读负担，引导读者将注意力放在《三十六计》的谋略运用上，我们删除了原书的"解说"和"按语"。"妙计破译"部分，参考了各种权威版本的译文，灵活运用直译和意译，对原文进行翻译，力求译文准确流畅，文从字顺；"经典案例故事"部分，精心挑选了与相关计谋最为契合的故事，帮助读者更准确深入地理解原著。同时，每个故事都配以精美的手绘插图，图文结合，以满足青少年阅读之需。

由于时间仓促，加上编者能力水平有限，书中难免存在一些缺点，敬请读者朋友不吝指正。

胜战计

目录

败战计

胜战计

第一计
瞒天过海

妙计破译

防备周密容易使人松懈大意，常见的事物反而不会引起怀疑。将隐秘的事物隐藏在公开的事物之中，而不是一看就与之相对立。越是坦荡公开的事物，往往隐藏着越深的秘密。

☙ 怎么让胆小的皇帝渡过大海 ❧

贞观年间，辽东地区的小国之间经常因为一点儿鸡毛蒜皮的小事打得不可开交，大大影响了大唐东部边境的安宁。对此，唐太宗一直忧心忡忡，想要出兵干涉，但一时又找不到借口。

直到公元643年，机会终于来了。辽东地区的一个小国因为被邻国侵犯，派出使臣来向大唐求援。辽东地区的动荡一直是唐太宗心头的一根刺，现在拔掉这根刺的机会就在眼前，他自然不会放过。于是，他赶紧把文武大臣召集起来，商量着要去御驾亲征。

一听皇帝要御驾亲征，一众大臣都急了。房玄龄更是站出来老泪纵横地劝唐太宗说："皇上啊，前往辽东得渡过海洋去征战，风险实在太大了，您可千万不能去冒险啊！"

　　可唐太宗不以为然，他觉得自己是真命天子，怎么会怕那小小的一片海呢？于是，他最终还是没有听从众大臣的劝阻，仍旧决定要亲自带兵出征，给辽东地区那些不安分的小国一点儿颜色看看。

　　唐太宗一意孤行，大臣们也没办法。没过几天，他就率领着三十万大军浩浩荡荡地出发了。但才路过辽东，看到辽河的时候，他心里就已经有点儿后悔了，但此时距离长安已经有五千余里，再后悔也不可能回去。再说了，皇帝的面子也不能折啊！

　　又向东走了几天，唐太宗和他的三十万大军终于到了海边。这一看，可不得了，那广袤无垠的海洋，白浪滔天，汪洋无际，别说唐太宗一人了，就算三十万大军站在它的面前，也渺小得如同尘埃一般。

　　此刻，唐太宗可真是后悔不迭，早知道如此，当初就应该听房玄龄的劝告，别来凑这热闹。可这时候，说什么都晚了，人已经到了这里。这海，怎么都得渡过去！于是，唐太宗把手下人都召集起来，命令他

们赶紧想个渡海的好办法。

　　这可急坏了在军中担任前部总管的张士贵，皇帝的心思他哪会不明白，可明白归明白，又不能说破。再说了，这巨浪滔天的汪洋大海，哪是人力可以控制的？他去哪里想个万无一失的渡海办法啊？况且，前方的军情迫在眉睫，也没有那么多时间可以让他琢磨。

　　就在这时，张士贵的亲信幕僚刘君昂给他举荐了一个名叫薛仁贵的武士，说这个人兴许有办法解决眼前的困难。张士贵非常高兴，赶紧接见了薛仁贵。薛仁贵信心十足地对张士贵说："您就放心吧！我有办法让大军安然渡海。"

　　然后，薛仁贵就凑到张士贵的耳边，把自己想到的办法告诉了他，张士贵听得连声叫好，立刻就让人按照薛仁贵的计策去安排了一番。

　　而这时唐太宗正为渡海的事发愁呢。突然，有人禀报说当地有个大富人求见，愿意给三十万兵马捐献粮草。唐太宗一听非常高兴，立马宣这个富人前来觐见。

　　这富人是个气度不凡的老人家，一看就不是普通人。唐太宗询问了他一些当地的海情，他也都能娓娓道来，这让唐太宗十分欣喜。随后，这位老人邀请唐太宗和文武大臣去他家中做客。唐太宗对他很有好感，便欣然同意了。

　　就这样，唐太宗一行人浩浩荡荡跟着老人走了数里路，来到他家里。只见这里早已布置好一片彩色的帷幔，将四处都围了起来，很是好看。

老人招待众人进入帷幔之中，唐太宗刚一坐下，就听老人一声招呼，悠扬的乐声顿时响起，美丽的舞姬随着乐声翩然舞动，衣袂飘飘，许多仆从也都捧着美酒佳肴，鱼贯而入，众人开怀畅饮，一时之间全都忘了身在何处。

也不知过了多久，唐太宗正在畅饮，突然间，桌上的杯盏往一侧倾斜，整个天地似乎也在摇摇晃晃。起初，他还以为是自己喝多了，但随后又发觉哪里不对劲，赶忙令人将挡在四周的帷幔掀开。只见帷幔之后，竟是一片汪洋大海，唐太宗悚然一惊，问道："这究竟是怎么回事？"

见皇上已经察觉出问题，张士贵赶紧起身回话："这便是微臣想出的渡海之策，如今我们已经快到东岸了！"

那位邀请皇帝饮宴的老人也赶紧走出来，跪在唐太宗面前请罪，将事情的原委说了出来。原来，这位老人正是薛仁贵假扮的，他利用这一方法，让唐太宗在不知不觉中就乘船渡过了大海。

贺若弼是怎么骗过陈国大军的

公元 588 年，隋文帝杨坚决定向南面的陈朝下手，以实现统一中原的宏图伟业。太庙祭祖之后，晋王杨广、秦王杨俊、清河公杨素等在隋文帝的命令下，率领隋军兵分多路，直取江南。当时，大将贺若弼是杨广所率军队的行军总管，负责江北方向的进攻。

陈国当时在位的君主是陈叔宝，他这人昏聩又自大，知道隋军要来攻打也不怕，照样该吃就吃，该睡就睡，过着荒淫骄奢的日子。陈国的大臣和将领们都劝说陈叔宝，让他赶紧积极备战，防止隋军打过来。结果，陈叔宝不仅不采纳众人的意见，反而还在临近年底的时候，大张旗鼓地让人准备元会之庆，也就是过年。

当时，陈国的两大军事重镇江州和徐州，分别由陈叔宝的两个儿子，南平郡王陈嶷和永嘉郡王陈彦镇守。因为快过年了，陈叔宝干脆直接下令，让两个儿子回都城建康来过年。为了让儿子们回来的时候显得比较有排面，他还下令让那些沿江镇防戍守的船只也一并跟着回来。

当然，他做出这样的决定，也并不完全是为了给儿子撑面子。当时，后梁刚刚投降陈国，陈叔宝也是为了在后梁的军民面前展示一下陈国的威势，震慑一下他们。

陈叔宝的决定让文武大臣都忧心忡忡，但他丝毫不以为意。这是因为：横亘在隋军与陈国之间的，是长江天险。陈叔宝认为，隋军根本不可能渡过长江。

不久之后，杨广和贺若弼所率领的隋军就抵达了长江北岸。陈国的大臣们收到消息之后，就赶紧上报给陈叔宝，并建议他立即从京师调派军队舰船去京口和采石两地驻守，以抵御隋军。

结果，令人意料不到的是，陈叔宝居然听信谗言，认为调派京师的军队舰船过去，会影响元会之庆时建康城里的排场。此外，他想着还有长江天险横亘在那里，隋军除非长了翅膀，否则不可能渡过长江。

隋军到了长江北岸后并没有忙着进攻，而是驻扎了下来。在此期间，贺若弼干了这么几件事。

首先，他把军中的老马都挑出来卖掉，然后用卖马的钱偷偷购买了大量陈国的船只，并且把这些船藏了起来。之后，他又花钱买了五六十只破破烂烂的小船，直接停在河岸边上，让陈军一眼就能看到。

布置完这些之后，他又给手下人下了道命令，让负责沿江驻防的士兵们每次换防的时候，都要聚集到岸边，大张旗鼓，高举旗帜，做出好像马上就要渡江打过去的样子。

刚开始的时候，陈军看到隋军做出这样的阵势，都吓了一跳，赶忙调集军队加强戒备，生怕隋军打过来。可当他们都准备好之后却发现，

隋军压根儿没有想渡江的意思，只是在对岸换了一下防而已。

　　这样的戏码上演了好几次之后，陈军渐渐也就习惯了，不再像之前那样小心戒备。再加上隋军停留在江面上的那几艘小破船，更是让陈军觉得，隋军肯定是没有船只渡江的。

　　当时，陈国那边负责镇守京口的，是陈国的大将萧摩诃。萧摩诃的女儿是陈国的太子妃。也就是说，萧摩诃还是陈叔宝的亲家。眼见隋军迟迟没有进攻的意思，元会之期也快到了，陈叔宝干脆下令，非常"体贴"地把萧摩诃也给召回了建康，让亲家回家过年。

　　公元589年，就在陈国热热闹闹地举行元会之庆时，早已做好充足准备的贺若弼一声令下，隋军乘坐早就藏好的船只，横渡长江，直取京口。

　　那一天，四周雾气缭绕，成为隋军最好的掩护。而陈军呢，面对隋军大张旗鼓的进攻声势，也早已经习以为常，根本没想到这一次隋军会真的打过来。就这样，贺若弼率领隋军轻轻松松渡过长江天险，破了陈国的江防。随后，隋军一路乘胜而下，直取建康，消灭了陈国。

第二计
围魏救赵

妙计破译

　　与敌人交战，与其直接与对方正面对抗，不如先用计谋分散对方的兵力，再各个击破。攻打敌人，与其正面出击，不如采取迂回策略，先攻击敌人虚弱的后方。

☙ 为什么不和敌人硬碰硬 ❧

　　公元前353年，魏国国君魏惠王想派大将军庞涓夺回被赵国抢去的中山国，但庞涓却觉得，中山国那种弹丸之地，不值得他兴师动众。于是，庞涓便向魏惠王提议，干脆直接攻打赵国的都城邯郸算了，也能好好收拾一下赵国。

　　反正都是要打仗，要能占到更大的便宜，又何乐而不为呢？更何况，魏惠王还是个极有野心的人，一心想要成就千秋霸业。因此，他很快就同意了庞涓的提议，并让庞涓带领十万魏军和五百辆战车，声势浩大地讨伐赵国。

　　说起这个魏国大将军庞涓，确实还是有些本事的。相传，他曾拜在隐士鬼谷子门下，后来出仕魏国，凭借卓越的军事才能，东荡西杀，令其他各国闻风丧胆，立下赫赫战功，很快就成为魏国的大将军，深得魏惠王信任。

庞涓个人实力强大，有真才实学，魏军军力又十分强盛，赵军根本无法抵挡，节节败退，没过多久，魏军就打到邯郸城下了。庞涓两眼放光，踌躇满志，觉得胜利唾手可得，兴奋地命令魏国军队四面围城，把邯郸城围了个水泄不通。

这可吓坏了赵王，眼看打是打不过了，这可怎么办呢？就在赵王急得焦头烂额之际，有人提议说，不如去向赵国的老邻居齐国求救，毕竟齐国就在赵国旁边，万一真让魏国把赵国给占了，对齐国不也是一大威胁吗？于是，赵王赶紧找人向齐国送了一封求援信，希望齐国能出兵救救赵国，并承诺要是齐国肯救赵国，那等脱困之后，就把中山国拱手送给齐国作为报酬。

收到赵国的求援信之后，齐国并没有立刻出兵，而是坐山观虎斗地先晾了赵国一年。之后，眼看赵国形势的确不太乐观，齐威王才磨磨蹭蹭地把大臣们召集起来，开始探讨究竟要不要去救赵国。

对于这个问题，齐国内部有两种不同的意见。以邹忌为首的一派大臣认为，不救。毕竟这事和齐国又没什么关系，即便救了赵国，也没有多少好处，没必要去蹚这趟浑水。而以段干朋为首的一派则认为，最好还是去救。理由很简单，虽然说救赵国，确实对齐国没有多大好处，但问题是，赵国是齐国的邻居，这魏国要是真把赵国给拿下了，那下一步，岂不就该对齐国下手了吗？

其实，齐威王也有这样的担忧，在听完段干朋的话后，当即就拍了板：这赵国必须救！随后，齐威王便任命田忌为大将，孙膑为军师，率兵奔赴战场，负责这次对赵国的救援行动。

说起这孙膑，他和庞涓其实还有一段旧怨。据说，孙膑也是鬼谷子的徒弟，和庞涓是师兄弟。孙膑这人十分有才华，和庞涓一起拜师学艺的时候，就一直用实力"吊打"庞涓，庞涓对他也是非常嫉妒的。

但庞涓在孙膑之前出仕，先一步在魏国站稳了脚跟。当他在魏国混得春风得意的时候，孙膑还在鬼谷子门下继续学艺呢。

不久后，魏惠王得到消息，知道孙膑即将出师之后，就让庞涓带着重金去聘请孙膑，并且告诉庞涓说他打算让孙膑做副帅。庞涓很清楚，孙膑的才华一直在自己之上，要是真给他机会得了魏王的青眼，自己的地位恐怕要受到威胁。于是，等到孙膑到了魏国后，庞涓就开始玩弄两面手法，当着孙膑的面就表现得对他十分关心，好似两人关系真的十分亲近，而背地里却一直蓄意谋害孙膑，想要把他除掉。

后来，终于还是让庞涓等到了机会，他设计诬陷孙膑私通齐国。那时候，庞涓在魏国的权势是非常大的，他蓄意陷害孙膑，自然早已准备得天衣无缝。魏惠王即使欣赏孙膑的才能，在人证物证俱全的情况下，也只得按照律法，判处孙膑受膑刑，剜去他的膝盖骨，致使孙膑留下了永久的残疾。

　　遭遇了这一切之后，孙膑终于看清了庞涓的真面目，为了保住性命，他开始装疯卖傻，打消庞涓对他的警惕和戒心。后来，齐国的使者在得知孙膑的遭遇后，帮助孙膑逃离魏国，投奔到了齐国大将军田忌门下。

　　据说，孙膑在做田忌的门客时，还曾帮他出谋划策，让他在实力稍逊一筹的情况下，赢下了和齐威王的赛马。这件事之后，田忌对孙膑越发佩服，很快就找机会将他举荐给了齐威王。齐威王非常高兴，本想直接封孙膑做将军，但考虑到他曾遭受过膑刑，不能带兵打仗，就让他做了田忌的军师。

　　孙膑逃离魏国之后，庞涓还曾派人四处搜捕过他一段时间，但一无所获。而这一次可以说是孙膑自逃离魏国之后与庞涓第一次交锋，可惜庞涓毫不知情，否则他恐怕也不会向魏惠王提议攻打赵国了。

　　前来救援赵国的齐国大军刚到达赵魏两国的交界，田忌就准备直接带兵奔赴邯郸，但被孙膑制止了。孙膑告诉田忌说：

"你要解开乱成一团的绳结，握紧拳头去打是没有任何用处的；你要解决别人之间的争斗，那就不能也参与其中，成为争斗的一员。平息纠纷，最有效的方式就是抓住要害，乘虚取势。这样，双方只要受到制约，自然也就分开了。就以目前的状况来说，魏国的大军几乎是倾国而出，都跑到邯郸去了。此时，魏国国内必然是兵力空虚的。假如我们不去邯郸，而是直接率军去攻打魏国，那么庞涓必然要带兵回援。这样一来，邯郸的危机不就解除了吗？等到庞涓忙着赶回魏国支援的时候，我们再在半路设下埋伏，等庞涓大军自投罗网。如此，魏国这一次必定会失败。"

听完孙膑的话，田忌十分惊喜，认为这个计划确实可行。于是，他便按照孙膑的建议，没有前往邯郸，而是率军直接攻打魏国，目标直指大梁城。庞涓收到消息之后，果然立即率军回援，邯郸的危机就这样解除了。

而在庞涓率军回援的时候，齐军早已埋伏在中途，以逸待劳，最终大败魏军，还擒获了庞涓。这就是广为人知的"围魏救赵"的故事。但值得一提的是，《史记·孙子吴起列传》在讲齐魏桂陵之战时，并没有提到庞涓，而在此役结束十多年之后的马陵之战中，才提到了"魏将庞涓"，说孙膑用减灶的办法骗过了庞涓，在马陵设伏兵，将庞涓和魏军诱入齐军包围圈，万箭齐发大败魏军，迫使魏将庞涓自杀。

一张纸解除东吴警报

公元 210 年，周瑜病逝之后，曹操得到消息，非常高兴，认为没有了周瑜，江东也就不足为惧了，便打算再次兴兵攻打江东。

可是，曹操又想，江东方面虽然不足为惧了，可西凉州那边还有个镇东将军马腾，要是亲自带兵去攻打江东的时候，马腾趁机来袭击许都，那岂不是很危险？到时候，兵都被自己带走了，马腾一来，许都空虚，还不得将自己的基业都拱手相让？可要放弃这个千载难逢的机会，曹操也不甘心，这可怎么办呢？

思前想后，曹操干脆把心一横，决定来招狠的。他以朝廷的名义，派遣使者给马腾送了道圣旨，加封他为征南将军，并下令让他带领西凉兵一起去攻打江东，讨伐孙权。

马腾也没多想，接到朝廷的诏令，就乖乖带着两个儿子马休、马铁，以及五千余西凉士兵应召到许昌了。可没想到的是，等待马腾和西凉兵的，却是曹操的刀枪与铁骑。就这样，曹操把马腾父子三人都杀死了，五千余西凉兵也全军覆没。

解决完西凉的"隐患"之后，曹操立即发兵三十万，直指江东。

面对来势汹汹的曹军，孙权非常紧张，赶紧写了一封求援信，让鲁肃派遣使者到荆州送给刘备，让他一块儿帮忙抵抗曹军。

刘备收到孙权的求救信后，立即把军师诸葛亮找来了。诸葛亮得知事情的始末，一点儿都不紧张，而是气定神闲地对刘备说："主公放心，这一次，我们不需要动用江东的兵马，也不需要动用荆州的兵马，就能让曹操自动放弃攻打江东的打算。"

随后，诸葛亮亲自回了一封信，让来送信的使者带回去给孙权。在信中，诸葛亮告诉孙权，如果曹军真的带兵来犯，刘皇叔自然有退兵的妙计。

打发走江东的使者之后，刘备赶紧追问诸葛亮，究竟有什么退兵的妙计，诸葛亮说道："对曹操来说，一直以来，对他威胁最大，也是最令他担忧的就是西凉州。现在，曹操把马腾父子三人给杀了，但马腾的长子马超还没死，他仍然在西凉统领兵马。现在，马超还不知道自己的父亲和弟弟都死在了曹操手上，一旦他收到消息，必定要找曹操报仇。

现在，只要主公你休书一封，派人送给马超，鼓动他率领西凉的兵马入关找曹操报仇，必定弄得曹操焦头烂额，自然也就没有精力再带兵去进犯江东了。"

听了诸葛亮的话，刘备茅塞顿开，立即按照诸葛亮的计划，亲自写了一封信，让使者送给了马超。

西凉那边，得知父亲和两个弟弟遇害的消息后，马超果然又惊又怒，悲怆不已，当即发誓，一定要让曹贼为父亲和弟弟偿命。就在此时，刘备派来送信的使者也正好到了，马超拆开信一看，刘备先是在信中痛斥曹贼的恶行，然后又回忆了往昔与马腾一同受汉献帝密诏，试图诛杀曹贼的种种往事。最后，刘备提出，让马超带兵从西凉去攻打曹操，他则辖制荆襄两地，在大前方牵制曹军，这样一来，势必能够擒获曹操，消灭奸党，复兴汉室，而马超的大仇自然也能报了。

　　刘备的建议打动了马超，就在他准备兴兵入关的时候，西凉太守韩遂也派人来找马超了。韩遂是马腾的结义兄弟，两人感情很好，他和马超也是以叔侄相称的。韩遂告诉马超，曹操派人给他送信，说要加封他做西凉侯，条件就是要让他捉拿马超。韩遂表示，他既然与马超是叔侄，自然不可能因为这点儿利益就加害于马超，因此，他愿意和马超一起，联合攻打曹操，为马腾报仇雪恨。

　　双方达成一致意见之后，韩遂就杀死了曹操派来传信的使者，与马超一起，率领二十万西凉大军，浩浩荡荡地杀向关中。曹操得到消息之后，只得放弃进攻江东的计划，赶紧率部返回，集中精力去对付马超和韩遂。

　　就这样，诸葛亮凭借一封书信，轻而易举地粉碎了曹操攻打江东的计划。

第三计

借刀杀人

妙计破译

敌人的情况已经十分明了，但盟友的态度还没有明确，利用盟友的力量去消灭敌人，自己就不需要再付出什么力量，或承担什么责任。这是从《损》卦义推演出来的计策。

∽ 两个桃子三条命 ∽

春秋时期，齐国有三个武将，他们分别是田开疆、古冶子和公孙捷。因为早年曾立过大功，这三人在齐国拥有很大的权势，天长日久，在众人的恭维之中，这三人也不免变得自恃功劳，肆无忌惮起来。他们不仅结成了异姓兄弟，还对外自封"齐国三杰"，就连在国君面前，他们也常常不讲尊卑礼仪。

这三人除了行事嚣张之外，并没有起什么坏心思，但毕竟他们实在头脑简单，有勇无谋，在某些奸佞之人眼中，就成为最好利用的"刀"，一不小心，就可能成为颠覆国家政权的利刃。为了守护国家安定，斩断敌人的阴谋，齐国相国晏婴对这三人起了杀心，打算拔除这几个危害国家政权的"毒瘤"。

可是，要怎么才能铲除他们呢？这可不是件容易的事，毕竟这三人都是对国家有过大贡献的功臣，如果没有充分的理由就贸然动手，必定会引起恐慌和公愤，国君也是不可能答应的。

一天，鲁国的鲁昭公到齐国拜访齐国国君齐景公，身边还带着鲁国主管司礼的叔孙诺。当时，齐景公也有意拉拢鲁国和本国结盟，就对鲁昭公非常热情，为了款待他，特意准备了隆重的宴会，并让晏婴做司礼，负责安排调度整个宴会的流程。

宴会十分盛大，齐国的文武官员都参加了，自然也少不了那三位武将。这时候，晏婴突然灵光一闪，顿时就有了主意，可以名正言顺地铲除掉这三人。

酒过三巡，宴会气氛正热烈之际，晏婴突然站了出来，对齐景公说道："御园里的金桃最近正好到了成熟的季节，不如让我去摘取一些，来招待我们尊贵的客人，如何？"

这种无关紧要的小事，齐景公自然痛痛快快地答应了，正打算吩咐人去摘桃，就听到晏婴继续说道："还是让我亲自去摘取吧，由我亲手将金桃拿来，招待尊贵的客人，也好让他们更深切地感受到我们的诚意。"

齐景公觉得晏婴说的很有道理，就同意了。

没过多久，晏婴就回来了，手里还端着一个大盘子，盘子里端端正正地放着六个非常漂亮的大金桃，让人食指大动。

齐景公看了看桃子，又看了看晏婴，疑惑地问道："怎么就六个？"

晏婴答道："就这几个，其他桃子都还没熟。这可是园子里品相最佳的桃子了，世间罕见，据说还能让人延年益寿呢！"

齐景公听了非常高兴，当即和鲁昭公一人分了一个桃子，之后又分别赏赐了晏婴和叔孙诺一人一个。这样一来，盘子里就只剩下最后两个桃子了。

这时候，晏婴又站了出来，建议道："现在桃子只剩下最后两个了，分给谁都不合适。要不这样，让文武百官都站出来，说一说自己的功绩，我们也都做个评选，看看谁的功劳最大，就把金桃赏赐给他。"

齐景公想了想，同意了晏婴的提议，毕竟这桃子就剩两个，给谁都不合适，倒不如像晏婴说的，让大臣们自己去争取。

先站出来的是公孙捷，他大声说道："我曾打死过一头老虎，将主公救下，这项功劳不知够不够大？"

晏婴赞同地点点头："救驾有功，确实是大功一项，应当赏赐一个金桃。"

于是，公孙捷便美滋滋地吃了一个金桃，这滋味儿，确实鲜美异常，让人赞不绝口。

紧接着，古冶子也赶紧上前一步，大声说道："我曾于渡黄河时，斩杀了一头咬住主公坐骑的大鳄鱼，救了主公的性命，不知这功劳可抵

得上一个金桃？”

齐景公也想起当时危急的情形，不由得点头道：“将军说的是，该赏！”于是，古冶子也得到了一个桃子。

见桃子都分完了，田开疆顿时有些气急，猛地站了起来，铿锵有力地说道：“想当初，我领兵攻打徐国时，亲手将徐国大将斩杀，并俘虏兵士五百余人，最终逼得徐国缴械投降。那一仗过后，许多小国都慑于我国军力之强大，纷纷归附，为我国其后取得盟主地位奠定了基础，这功劳又如何呢？”

一听这话，晏婴赶紧对齐景公行了一礼，说道：“田将军说的是啊，他的功劳确实要远胜其他二位将军，但可惜这金桃已经被吃完了。要不主公就先赏赐田将军一些别的东西，等园里的金桃成熟之后再给他补上？”

齐景公赶紧点头应允了。谁知，田开疆这人性烈如火，只觉得自己在众人面前受到了侮辱，羞愤难当之下，竟直接拔剑自刎了。

见田开疆血溅当场，

公孙捷心中非常难过，觉得愧对兄弟，也当场拔剑自尽了。

一看两个兄弟都先后自尽，古冶子也不愿独活，叹息道："我们本就是结义兄弟，生死之交，如今他们都走了，我又有何颜面独活呢？"说完，他也自刎而死。

就这样，晏婴利用两个桃子，巧妙地"除掉"了战功赫赫的"齐国三杰"，顺利除去了暗藏的不稳定因素。

∾ 名士祢衡到底得罪了谁 ∾

东汉时期有个名叫祢衡的名士，性格十分狂傲，但因为特别有才学，所以在文人圈子里名声非常响亮，就连孔子的后人孔融也对他推崇备至，甚至还说过："我的朋友祢衡是当世奇才，他的才学是我的十倍！"

曹操知道祢衡的事情以后，觉得很不高兴，在魏国境内，居然有人的名声比他还响亮，在文人圈子里影响力比他还大，这怎么能忍呢？于是，曹操决定，要派人把祢衡找来，给他个下马威，打压打压他的气焰。

祢衡来到之后，曹操就像没看到他一样，大大咧咧坐在自己的座位上，不起身迎接，也不示意他坐下，试图通过这种无视他的方法来达到羞辱他的目的。结果，祢衡也不看曹操一眼，自顾自地仰天长叹道："唉，这天地虽然广阔，可惜却连一个人也没有！"

听到这话，曹操不高兴了，责问祢衡："说什么呢，你？单我手下，随便揪出几十个人，那都是当世英杰，怎么就没人了？"

祢衡笑了笑，说道："那您说说。"

曹操无比骄傲地说道："先说荀彧、荀攸、郭嘉、程昱，他们几人，无一不是智谋深远，就连汉朝初期的萧何与陈平都不能与之媲美。再说张辽、许褚、李典、乐进几人，谁不是勇不可当，哪怕岑彭、马武这样的猛士也比不过他们。再者，吕虔、满宠、于禁、徐晃、夏侯惇、曹子孝，谁不是当代英杰，天下奇才，你还敢说我这里没人吗？"

祢衡不以为然地说道："你说的这几个人，我都认识。荀彧、荀攸、郭嘉、程昱，他们几个，也就能干点儿吊丧看坟、关门闭户的杂事。张辽、许褚、乐进、李典，也就只配放马送信、砌墙杀狗。至于其他你说的那些人，那更是一个个酒囊饭袋，绣花枕头罢了，算什么人物啊！"

曹操非常震怒，瞪着祢衡问道："那你又有什么本事？"

祢衡把头一昂，自信地说道："在下不才，上知天文下知地理，三教九流无所不晓，故典史籍无所不通。我心中怀揣着拯救天下的大志向，你们这些俗人，又怎么配与我相提并论呢？"

当时，随侍在曹操身边的是大将张辽，听到祢衡这么嚣张的话，张辽非常愤怒，拔出剑就要去杀祢衡，被曹操拦住了。曹操冷笑一声，说道："像这种目中无人、狂妄嚣张的家伙，虽然没什么治世救国的本事，但在读书人之间也骗了些虚名。如果我们今天把他给杀了，那天底下的读书人必然会诽谤我们，说我们心胸狭窄，不能容人。既然他觉得自己是天下第一能人，那行，从今天开始，我就偏要让他做我的鼓手，看看他会不会觉得羞愧！"

鼓手的地位是非常低下的，已经近似于仆从了。但祢衡并不在意，没有推辞就答应了下来。

第二天，曹操特意大摆宴席招待宾客，并把祢衡找来，让他给大伙敲鼓助兴。结果，祢衡来是来了，但他穿着一身破破烂烂的衣服，和华贵的大厅格格不入。进入大厅之后，他甚至还当着曹操和众宾客的面，直接把衣服全脱光了，赤条条地站在中央，神情依旧嚣张，没有丝毫羞窘。

曹操被祢衡气得不轻，怒吼道："你这大胆狂徒，怎么敢在朝堂上赤身裸体，简直太失礼了！"

祢衡却哈哈大笑起来，说道："欺君犯上，那才是真的失礼。我不过是把父母给予我的身体展示出来，有什么可失礼的呢？而你又可敢坦坦荡荡，把自己的里里外外都暴露给天下人看吗？"

说完这些，也不等曹操说话，祢衡就直接敲起了鼓，一边敲一边历数曹操的罪行，酣畅淋漓地痛骂起来，把曹操气得七窍生烟。

当时，对祢衡一直推崇备至的孔融也在宾客之中，他担心曹操会一怒之下杀了祢衡，赶紧站起来劝道："祢衡这人，就是个狂妄之徒，您直接无视他，把他当仆役下人就行，犯不着自降身份和他生气。"

曹操瞪着祢衡许久，突然笑了起来，说道："行，你这么厉害，曹某也是惜才之人。这样吧，你现在就去刘表那里，作为我的专使，说服他投降。等你把这个任务完成了，我就直接让你位列公卿。"

祢衡不推辞也不道谢，直接扬长而去。

到荆州之后，祢衡依旧是那副狂妄自大的样子，对刘表极尽讥讽责骂。刘表非常生气，把祢衡赶去了地方军阀黄祖那里。有手下人问刘表："他对您这么无礼，您明明也很生气，为什么不干脆杀了他呢？"

刘表哼笑道："他当初侮辱曹操，曹操没杀他，是因为担心影响自己在读书人之中的名声，失去他们的支持。现在，他想借我的刀杀这家伙，让我来担罪名，他也解气了，我凭什么干这种蠢事？"

刘表看破了曹操的计谋，可头脑简单的黄祖却不会想那么多，当祢衡在他面前口出狂言、嚣张无礼的时候，他直接就把祢衡给砍了。

当曹操得知祢衡的死讯后，非常开心，轻蔑地笑道："那个迂腐不堪、嚣张自负的书呆子，完全就是自己找死，根本不需要脏了我的刀！"

第四计

以逸待劳

妙计破译

要想让敌人处于困顿的境地，不一定非得出兵去攻打他，而是可以采用"损刚益柔"的方式，来让敌人由盛转衰，由强变弱，之后再去攻击他。

❧ 大将军王翦的破敌妙策 ❧

公元前238年，秦王嬴政在铲除丞相吕不韦的势力和嫪毐集团之后，开始正式亲政。在李斯、尉缭等能臣的协助下，嬴政为实现自己统一天下的千秋霸业制订了一系列计划，具体措施可以概括为：笼络燕齐，稳住魏楚，消灭韩赵；远交近攻，逐个击破。

秦国在嬴政的带领下，先后消灭了韩国、赵国和魏国，秦王嬴政的下一个目标是楚国。这可不是件容易的事，当时的楚国非常强大，并不是韩赵魏三国可比的。但此前的胜利带给了嬴政极大的信心，他坚信，战无不胜的秦国士兵依然会像从前一样，成功将楚国拿下。

有一天，嬴政问手下的将军李信："如果我们要攻打楚国，你认为派遣多少兵力可以成功？"

　　李信年轻气盛，加上有之前的诸多胜利经验，一拍胸脯，自信地答道："只要有二十万兵马，我就能踏平楚国！"

　　虽然李信说得自信，但嬴政还是不太放心，又去见了老将王翦，问了他同样的问题。王翦想了想，慢吞吞地回答说："要拿下楚国，至少得六十万兵马。"

　　嬴政一听这个回答，心里不由得有些轻蔑，想道：看来王翦果然是年纪大了，太保守了，还是李信那样的年轻人才有冲劲儿啊！

　　于是，嬴政下令，让李信带领二十万兵马去攻打楚国。楚王得知这个消息之后，便下令让项燕为大将，也带领二十万兵马去迎敌。双方决战的地方在西陵，项燕对那里的地形非常熟悉，早早就埋伏好了七路兵马，等着秦军前来。结果可想而知，秦军大败，李信好不容易捡回一条命，狼狈地逃回了秦国。

　　看到这样的结果，嬴政才终于意识到，自己先前的确轻敌

了。于是，他又亲自去拜访了王翦，恳切地请求他挂帅出征。王翦一开始不太愿意，推说自己年纪大了，身体不行。后来，他看嬴政实在坚持，王翦便要求，至少得六十万兵马。

嬴政觉得很奇怪，问王翦说："当初齐桓公征伐天下，兵马也就三万，即便那时候的春秋五霸，打起仗来也不会超过十万兵马。现在就打一个楚国，你怎么就非得要六十万兵马呢？"

王翦回答道："此一时彼一时，现在列国之间的战争可比从前激烈多了，甚至年年都在升级，怎么还能参考之前的'老皇历'呢？再说了，楚国地大物博，国力强盛，您若真想把楚国拿下，六十万兵马都还算少的了。"

嬴政想了想，觉得王翦说得很有道理，干脆一咬牙、一跺脚，真的拨出六十万兵马给王翦。

王翦带着六十万秦军浩浩荡荡向天中山而来。和之前一样，项燕早已经严阵以待了。结果，到达天中山之后，秦军根本没有和楚军打的意思，直接在天中山扎营后，王翦还下令，不许任何部将擅自出去和楚军交锋。

项燕见秦军根本没有继续前进的打算，心里也拿不准王翦究竟想干什么，只好天天派人去阵前叫骂。但不管他怎么骂，王翦都始终一副气定神闲的样子，丝毫也没有出兵的打算，甚至还时不时地杀牛杀羊来犒劳士兵。

王翦的打算别说项燕了，就连他手下的将士也都看不明白。许多将领都来向王翦请战，但每次王翦都会说："不急，不急，这仗总是要打的，只不过我们现在才刚到这里，人生地不熟，怎么能轻易和楚军对阵呢？总之，一切都必须听我的安排。"

之后，王翦便一边派探子们四处侦察，一边在营地里训练士兵，还给他们"开发"出许多不同的训练方法，并通过训练成绩的优劣，选拔出了一批优秀的士兵，组成一支精英队伍。

至于项燕那头，天天骂阵都没能把王翦给骂出来，项燕便渐渐认为，是王翦根本不敢和自己交锋，才一直做"缩头乌龟"。结果，就在楚军放松警惕之际，王翦这边终于行动了，尤其是有精英队伍在前方开道，秦军更是所向披靡，如入无人之境。

就这样，王翦养精蓄锐，等候时机，以逸待劳地攻下了楚国。

陆逊是怎么以少胜多的

公元220年，关羽被吴国将领吕蒙的部下所杀，孙权还将其首级送给了曹操。之后，刘备为了替关羽报仇，并夺回荆州，于公元221年6月举全国之兵攻打东吴。

对刘备攻打东吴的决定，蜀国的很多大臣都不同意，比如赵云就曾劝刘备说："这篡夺国家政权的人是曹操，如果我们能出兵把曹操给灭了，吴国方面自然就会屈服，根本不用去打。现在去打吴国，绝对不是最好的选择。"

　　虽然大臣纷纷劝说刘备放弃攻打吴国的计划，但那时候，刘备一心想着要为关羽报仇，根本就听不进大家的劝谏。

　　7月，刘备亲自率领蜀国所有兵力浩浩荡荡奔着东吴去了。孙权得到消息之后，赶紧下令让陆逊出任大都督一职，率领朱然、潘璋、韩当、徐盛、孙桓诸将，以及五万余士兵，前去迎击蜀军。

　　一开始，蜀军进展很顺利，很快就在巫山一带和吴军交锋，并赢下了第一场胜利，将秭归纳入麾下。公元 222 年 1 月，刘备抵达秭归之后，便立即派人联络当地少数民族的首领，准备拉拢他们和自己一起攻打吴国。经过多番考量之后，刘备放弃了战船登陆，转而率领蜀军翻山越岭，深入吴国腹地五六百里。

　　蜀军的进展让吴国上下都感到十分紧张，许多将领都主张立即集结军队去攻击蜀军。唯独陆逊和其他人的想法不同。他认为，既然刘备举全国之兵力来攻打东吴，刚开始的时候，士气必然是很高涨的，

而且他们占据了高地，固守在险要之处，即使吴军主动出击，也不可能在短时间内攻破蜀军。万一这个计划失败了，必然会影响大局。

陆逊表示："在面对强大的敌人时，应该从多个方面去思考对方的进攻策略，随时观察敌情的变化，然后待机而动。"

随后，陆逊又向手下的各将领吩咐道："一定要等刘备把自己弄得筋疲力尽，才能开始反击。"

吴国的将领不知道陆逊究竟有什么打算，还以为他是因为惧怕敌人而不敢和蜀军正面交锋。有不少将领都站出来主动请缨，但陆逊依然还是那句话："一定要等刘备把自己弄得筋疲力尽，才能开始反击。"

由于东吴方面始终没有正面出击，从一月到六月，蜀军在巫峡建平与彝陵之间七百里的范围内设立了几十个大营，与吴军相持不下。眼看天气变得越来越炎热，刘备没办法，只好把大部分军队迁移到树林茂密的沿山地区驻扎，打算先避避暑，等秋天天气凉快下来再继续进攻。

得知刘备的动作之后，陆逊认为，自己一直等待的时机终于到了。于是，他立即上书孙权说："彝陵是我们非常重要的一个关口，既容易攻下，也容易失守。可如果我们失去了彝陵，恐怕就连荆州也难以保住了。起初，我一直很担心刘备大军会水陆并进，这样的话，我们就不得不分兵去抵抗。结果他却选择了弃船登陆，还扎了几十个大营，分散了兵力。如今看来，刘备的部署也就是这样，不会再轻易改变，可以放心地出击了。"

当众将领接到陆逊的命令，让他们去攻打蜀军时，大家都感到很奇怪："攻打刘备，难道不是应该趁着他刚刚进入到吴国境内，脚跟还没站稳的时候出击最合适吗？现在，蜀军都已经打过来五六百里地，两边都对峙七八个月了，蜀军还占据了不少重要的战略要点，这时候选择出击，是不是太草率了？"

对大家的疑惑，陆逊解释道："刘备这个人，十分狡猾，还很有战斗经验。刚开始集结的时候，一定是蜀军部署最周密的时候，那时候和他交战才是不明智的。现在蜀军已经在吴国境内停留很长时间了，但战事上没占到多少便宜，无论他们的身体还是心理，都已经被消耗得差不多了，正是我们出击的好时候。"

随后，陆逊先派出一支小队伍进攻蜀军的其中一个大营，以此来试探对方的实力。虽然这一次出击没有取得胜利，但陆逊已经得到了自己想要的消息，胸有成竹地告诉大家："我已经有了破敌的妙计！"

陆逊让每个去攻打蜀军的士兵手里都拿着一把茅草，等靠近蜀军大营的时候，就用茅草顺风点火。就这样，风助火势，蜀军数十座大营瞬间就成了一片火海。趁着蜀军一片混乱，吴军乘势出击，最终，蜀军大败，刘备仓皇逃回了白帝城，从此一病不起。

第五计
趁火打劫

妙计破译

　　在敌方出现问题时，就应该趁机进攻，夺取胜利，这是利用优势抓住战机，从而制服弱敌的策略。

趁火打劫，谁偷了我的袈裟

　　这天，唐僧师徒来到一座寺院前，只见这寺院富丽堂皇，仙气飘飘，修建得非常华美。师徒正打算要进去，就见到一众和尚走了出来，唐僧赶紧恭敬地避让到一旁，等和尚走近了，才礼貌地说道："我是自东土大唐而来的钦差，要去雷音寺求取真经。来到这里才发现，天色已经晚了，所以想要在此借宿一宿，不知方不方便？"

　　和尚见唐僧长相端正，一身正气，便笑着应道："当然方便，快请进来。"

　　听到和尚的答话，唐僧这才回过头，让弟子孙悟空等牵着马一块儿进去。突然看到一个浑身长毛的怪家伙牵着一匹马走进来，那和尚被吓了一跳，战战兢兢地问唐僧："这……这是个什么东西？"

　　唐僧赶紧阻止道："小师父慎言，这是我的徒弟，性子比较急躁，要是听到你这么说，他恐怕又要急了。"

听到这话，和尚不由自主地抖了一下，嘟囔道："这样一个怪模怪样的丑八怪，居然也能收做徒弟……"

师徒跟着和尚走进了山门，只见正殿上方悬挂的牌匾上有四个大字——观音禅院。

唐僧非常激动，进入大殿后便对着殿中的神像恭恭敬敬地参拜了一番，毕竟这一路行来，观音菩萨确实多次拯救自己于危难之中。

晚上，唐僧终于见到了这观音禅院的院主。院主是个上了年纪的老和尚，满脸皱纹，就连腰背都快直不起来了，但身上却穿得十分华贵，一身打扮，从僧帽到僧鞋，无一不是价值连城的宝贝。

老和尚面上看着十分和善，但神情却很倨傲。他打量了唐僧一番，慢悠悠地问道："听说你们是东土来的？走了多少路程啊？"

唐僧回答说："出长安边界，大约有五千里，过了两界山，又经过西番哈呸国，又行五六千里，方才到达贵地。"

老和尚点点头："那也有万余里路了，不像我这些徒弟，连门都没怎么出过，都是些没见过世面的人。"

唐僧恭敬地问道："不知老院主高寿几何？"

老和尚抬了抬下巴："痴长二百七十岁了。"

一旁的孙悟空听到这话，不由得笑了起来："哟，这年纪，倒是与我那万代孙儿相当啊！"

唐僧看了孙悟空一眼，斥责道："慎言，不要不知高低，冲撞了院主。"

老和尚也没把孙悟空的话放在心上，只当他是在胡言乱语。接着，老和尚又变着法儿地向唐僧师徒炫耀自己的诸多宝贝，什么羊脂玉的盘儿，镶金的茶盅器具。炫富之后，他还十分嗫嚅地问了唐僧一句："大师，你自天朝上国而来，想必一定有不少好宝贝吧？能不能也拿出来让我长长见识呀？"

唐僧自然谦虚地说自己没有什么宝贝。但孙悟空却忍不下去了，大声说道："师父，前日我还在包袱里见到你的那件袈裟，那可是真宝贝，就拿给他看看好了！"

说着，孙悟空已经自顾自地从包袱里取出袈裟，展开在众人面前，霎时间红光满室，彩气盈庭。众和尚都被震慑住了，这真是宝贝呀！

那老和尚见了这袈裟，更是眼睛都直了，刚才志得意满炫耀的宝贝仿佛霎时间都失去了光彩。只见他颤颤巍巍地走到唐僧面前，一边垂泪一边感叹："唉，贫僧我老眼昏花，这天一黑就看不清楚东西，无缘欣赏这件宝贝啊……要不您把袈裟借我拿去后房仔细看看，明早再送还？"

唐僧虽然不太乐意，但又实在不好拒绝，最后只得不情不愿地把袈裟借给了老和尚。

再说这老和尚，打从看到袈裟的第一眼，就已经生出了贪婪之心，如今将其骗到手，那就更不可能再还给唐僧了。为了将宝贝据为己有，这些和尚竟生出了谋财害命之心，打算夜里去放把火，把唐僧师徒直接烧死。

殊不知，他们的所作所为早就为神通广大的孙悟空所洞悉。孙悟空非常愤怒，想教训一下这些心怀叵测的和尚，又怕自己出手太狠，在唐僧那里无法交代。思来想去，孙悟空顿时灵光一闪，一个筋斗翻上南天门，找广目天王借了个避火罩，将唐僧和白龙马，以及他们的行李都罩了起来。

见和尚果然开始放火，孙悟空吹了一口气，干脆让这火烧得更旺，须臾之间就把这整座观音寺都给烧了起来。

就在孙悟空正忙着和这群坏和尚"斗法"的时候，一个住在黑风山的黑熊精被惊醒了。黑风山距离观音寺不远，大约也就二十里路程。见到观音寺火光冲天，黑熊精觉得很奇怪，便冲去准备看看热闹，不想正巧就见到了方丈藏在房里的那件唐僧的袈裟。

　　财帛动人心，黑熊精也不例外。趁着外头因着火而乱成一团，黑熊精赶紧将这宝贝袈裟塞到怀里，头也不回地朝着东山方向跑走了。谁又能想到，这小小的一座观音寺，除了一帮子贪婪的和尚之外，还冒出个趁火打劫的妖精啊！

徐州城换主人啦

　　吕布在与曹操争夺兖州失败后，暂时依附刘备。为了拆散吕布与刘备的联盟，谋士荀彧给曹操献了二虎竞食之计。他让曹操去向汉献帝提议，册封刘备为徐州牧，同时再发一封密信给刘备，让他找机会将吕布杀死。荀彧表示，这个计谋的高明之处就在于，无论成败与否，都能削弱刘备和吕布的力量。如果刘备真的把吕布杀了，杀的过程中必然会消耗自己的实力，这样曹操就能坐收渔翁之利了。如果刘备没能杀死吕布，反而被吕布杀了，他们也能少一个敌人。

但刘备没有中计。一计不成，荀彧又向曹操献了驱虎吞狼之计。他先是让曹操派人去找袁术，告诉他说，刘备给皇帝上了密奏，想要把南郡给占了。然后，他又让曹操出了一份正式公文给刘备，命令他去攻打袁术。

王命难违，刘备只能把张飞和陈登留下守城，自己和关羽一起领兵去攻打袁术。

就在刘备和袁术打得不可开交之际，吕布在后方趁火打劫，夺取了徐州。

事情还要从张飞和曹豹的矛盾说起。在驻守徐州的时候，张飞喝醉酒把曹豹给揍了。曹豹是吕布的老丈人，被张飞揍了之后就对他怀恨在心，连夜写了封信给吕布，把张飞痛骂一顿，并告诉吕布，这时候刘备和关羽正和袁术打得热火朝天。张飞呢，喝得烂醉如泥，正是攻下徐州城的好时候，晚了可就来不及了。

当时，吕布手下的谋士陈宫也认为这是个非常好的机会，极力劝说吕布和曹豹联合，拿下徐州。于是，当晚吕布就亲自带兵去攻打徐州，曹豹里应外合，打开城门，让吕布的人进入，把张飞和徐州的守军杀了个措手不及。吕布趁刘备、袁术酣战，徐州守将张飞酒醉之机，袭取徐州，这是趁火打劫之计的成功运用。

第六计
声东击西

当敌人混乱得像丛生的野草，无法预料将要发生的事情时，必须利用敌人不能自主的机会消灭他们。这正是《易经·萃》卦中所说的水高出地面（必然溃决）的象征。

韩信上演"木罂渡黄河"

魏豹原本是魏国公子，他有个兄长名叫魏咎，曾在陈胜起义反秦后被封为魏王。后来，魏咎兵败，被秦将章邯所杀，魏豹就投奔到了项羽麾下。公元前206年，项羽分封诸侯时，魏豹被分到河东，做了西魏王。

后来，刘邦抓住机会出关，打算和项羽争夺天下，魏豹一看刘邦势大，就直接投降了。可没想到，没过多久，刘邦就在彭城兵败，魏豹一看势头不对，又迅速倒戈，再次投入项羽麾下，并立刻关闭黄河东岸渡口，断绝了同刘邦的往来。

当时，魏豹占据的地区对汉军来说是非常重要的，从地理位置上来说，西进可以威胁关中，南下可以截断汉军的粮道。为了解除这个巨大的威胁，刘邦不管怎么说，都得先把魏豹的地盘给拿下。

刘邦先是派出著名的说客郦食其去和魏豹接触，试图说服他再次归顺，并许诺只要他肯归顺，就封他做万户侯。但当时，魏豹认为，刘邦是不可能战胜项羽的，断然拒绝了刘邦的拉拢。

拉拢不成，那就只能打了。既然要打，那当然要知己知彼。于是，刘邦把派去游说魏豹的郦食其叫了过来，问他："魏国那边领兵的大将是谁？"

郦食其回答："是柏直。"

刘邦乐了："那个乳臭未干的小子啊，那不是韩信的对手！那骑兵的将领又是谁？"

郦食其回答："是冯敬。"

刘邦点点头："秦将冯无择的儿子，还算贤能，但是比不上灌婴的！那步兵将领呢？"

郦食其又答："项它。"

刘邦这回放心了："他可比不过曹参，这仗稳了！"

于是，经过综合实力的全线对比之后，刘邦直接任命韩信为左丞相，让他与灌婴、曹参一起去讨伐魏豹。

听说刘邦要打过来，魏豹如临大敌，赶紧调集重兵到蒲坂，封锁黄河渡口，生怕汉军真的渡过黄河。

在出兵之前，韩信其实也找过郦食其了解情况，对这一仗还是很有信心的。抵达临晋关之后，韩信先派人去侦查了一番，发现对岸全是魏兵把守，但上游夏阳地区的兵力比较少，便决定以夏阳为突破口渡河。

要渡河就需要船，当时汉军的船只数量不够，韩信便派出了两队人，一队负责砍伐树木，另一队则负责收集一种叫作罂的瓶子，这种瓶子的特点就是口小肚子大。韩信让人将这些瓶子的口封住，口朝下底朝上，排成长方形，再用绳子绑在一起，四周用木头夹住，这样就做成了"木罂"，可以代替筏子载人渡河，而且这可比一般的筏子大多了，可以载更多人。

在韩信的调度之下，短短几天时间，汉军就把所有渡河需要的东西都准备好了，只要一声令下，汉军随时可以渡过黄河。

这天，韩信命人将汉军原本有的一百多只小船都搬到临晋关黄河对岸，一字排开，又让灌婴带了一万多兵马，大张旗鼓地聚齐在黄河边上，摆出随时要准备渡河的阵仗。对岸的魏军一发现状况就立刻上报给了魏豹，全军都严阵以待，就等着汉军攻过来。

就在魏军所有注意力都集中在对岸的时候，韩信和曹参早已经悄悄率领大军，带着造好的木罂到了夏阳地区，顺利渡过了黄河。

这边，魏豹等了好几天，也不见临晋关对岸的汉军渡河，正奇怪呢，就收到了安邑守军的急报，说韩信已经率军攻下了安邑，正向平阳挺近。

魏豹大惊失色，只得赶紧率军前去阻挡韩信大军。结果，魏豹这边刚走，对岸的灌婴就带着兵马趁机渡河了。一时之间，魏豹大军陷入了腹背受敌的困境。接连失利让魏军丧失了信心，军心大乱，很快就溃不成军了。

就这样，韩信利用一招声东击西的妙计，出奇制胜地为汉军开辟了北方战场，为此后刘邦大军在中原战场作战奠定了坚实基础。

❧ 跑来跑去的黄巾军 ❧

东汉末年，黄巾起义爆发，南阳黄巾军的首领张曼成杀死太守褚贡，并率部众将宛城围困起来。朝廷得到消息后，立刻派遣了新的太守秦颉去对付黄巾军。秦颉抵达宛城后，很快就率领军队击败并杀死了张曼成，但黄巾军并未沉寂下去，而是迅速推出了一个新的领导人赵弘。

赵弘这人算是有些本事，上位之后，很快就集结了十几万人，让黄巾军势力得以再度扩大，并很快攻下了宛城。

为了对付黄巾军，朝廷又派出了右中郎将朱儁前去平乱，但朱儁来到南阳地区的时候，宛城已经被黄巾军给拿下了。朱儁很快和新任太守秦颉，以及荆州刺史徐璆等人取得联系，三方一合计，发现所有兵马加起来，也不过一万八千人。

兵力如此悬殊，朱儁等人自然不敢和黄巾军硬碰硬，双方对峙了近两个月，也没有丝毫进展。

朝廷方面一直等着朱儁的消息，眼见他都去了那么久，一点儿进展都没有，便有不少大臣有意见了，纷纷要求把朱儁给撤回来，换个厉害的人物去接手。就在汉灵帝左右摇摆的时候，司空张温站出来了，他劝阻灵帝说："当初秦国用白起，燕国用乐毅，那都是经过长年累月的艰苦奋战之后，才见着光辉的战绩的。朱儁之前在征讨颍川的黄巾军时，已经立下了战功，可见他能力绝对是有的。况且，战争期间，轻易更换统帅，那可是兵家大忌。我们应该再多给他一些时间。"

灵帝想了想，觉得张温说得很有道理，这才打消了撤换朱儁的念头。过了不久，果然就传来了朱儁击杀黄巾军新首领赵弘的消息，这让灵帝大喜过望。

赵弘死后，韩忠成为黄巾军的新领袖，带领剩余部众继续据守宛城，和朱儁等人展开对抗。

为了拿下宛城，朱儁想了个法子。他派出一队士兵，让他们在宛城的西南角一边敲军鼓一边大声喊叫，做出佯攻的姿态。而朱儁自己则率领一支精兵，从宛城的东北角发动进攻。果然，军鼓一响，城内

的黄巾军都以为朱儁要从西南角攻过来了，全都赶去支援。朱儁的部队得以顺利突破东北角，进入外城。

韩忠一看，自己居然中了计，惊慌失措地逃回了内城，并主动向朱儁传递消息，表示自己愿意投降。

当时，其他将领都想赶快结束这场战斗，都愿意接受韩忠的投降请求，但朱儁说："秦末时期，刘邦和项羽争霸天下的时候，因为没有哪个统治者已经夺得天下，大家都会争相奖赏归附者，以此来鼓励更多人前来归附。但现在，天下已经统一了，我们有唯一的领导者，唯独黄巾军起来造反，如果不能给予他们严厉的惩罚，反而接受他们投降，那以后我们还怎么震慑那些不老实的罪犯呢？对叛军、贼寇，一定要严厉惩罚，不能助长他们的气焰。否则，以后人人都在有利益的时候就起兵造反，打不过又投降保命，那这天下得乱成什么样？"

于是，朱儁拒绝了韩忠的投降请求，继续对黄巾军发起攻击，直至最终将其彻底消灭。

敌战计

第七计
无中生有

制造和运用假象，但并非一假到底，而要能够使假象变成真象，并利用大大小小的假象，去掩护真象，让对方相信我们希望对方相信的事情。

被张仪骗惨的楚怀王

战国时期，有个人名叫张仪，曾在鬼谷子门下学习纵横术，出师之后便和几个同乡一起，到楚国去求富贵。因为没有靠山，几个人在楚国混得潦倒困顿，几个同乡纷纷抱怨，嚷着要回家乡。

听到同乡的抱怨，张仪自信满满地告诉大家："我们的富贵啊，很快就要来啦！不是我夸口，只要见到楚怀王，我保管让你们全都吃喝不愁；要是我做不到，你们尽可来把我的门牙敲断！"

过了一段时间，张仪总算见到了楚怀王。一见楚怀王，张仪就说道："唉，我来楚国这么久，也没能谋到个差事，看来大王不需要我。既然如此，大王不如准许我离开，让我到晋国去碰碰运气吧！"

楚怀王本就看不上张仪，听了这话，随意摆摆手："那你就去吧。"

张仪点点头，继续恭敬地说道："当然，为了感谢大王的厚爱，不管去了那边能不能找到差事，我还是会回来一趟的。到时候，必然要为大王带点儿晋国那边的土特产回来，就是不知道大王喜欢什么。"

楚怀王不屑地看了张仪一眼："晋国的东西有什么可稀罕的？金银珠宝、象牙犀角，咱楚国那可多的是。"

"那——"张仪笑了笑，"不知大王对晋国的美女可感兴趣？"

一听到"美女"两个字，楚怀王顿时眼睛一亮："你说什么？晋国的美女？"

张仪说道："是啊，这晋国的美女，那可真是别有一番风味，肌肤雪白，脸蛋儿水嫩，走起路来弱柳扶风，说起话来娇娇滴滴，仙女儿似的，漂亮极了！"

这楚怀王呢，生平最爱美女，听张仪这么一说，兴趣顿时来了。张仪赶紧开口向楚怀王要盘缠。毕竟这带美女回来，没钱可不行。楚怀王也大方得很，立即给了张仪一笔巨款，催促他赶紧去晋国搜罗美女。

楚怀王的宠妃郑袖听说这事后急了，生怕张仪真的带回美人来和自己争宠，连忙派人私下去找张仪，又给了他一大笔钱，不许他给楚怀王找美女，张仪高高兴兴把钱收下，应下了这事。

几天后，张仪去向楚怀王辞行，正好郑袖也在场，看到郑袖之后，张仪"扑通"一声就跪在了楚怀王面前，诚惶诚恐地说道："大

王，是小人妄言了，欺骗了大王，请大王杀了我吧！"

楚怀王惊讶地看着张仪，不知所以地问道："这是怎么回事？"

张仪说道："唉，我走遍天下，自恃见过无数美女，却不曾想到，原来这天底下最美的美女早已经陪伴在大王身边，我竟还大言不惭地说要为大王搜罗美女，这岂不是说大话，欺骗大王吗？"

一听这话，楚怀王乐了，大手一挥，免了张仪的罪责，美女也不用他去找了。

就这样，张仪空手套白狼，用一招无中生有的"找美女"计策，就从楚怀王和郑袖手中套到了两笔巨款。

有意思的是，张仪和楚怀王之间的"缘分"还没有结束。多年之后，张仪成为秦国丞相。那时候，楚国正与齐国交好，而秦国正准备出兵攻打齐国，担心楚国插手，便派张仪前往楚国，去破坏齐楚两国的盟约。

到了楚国之后，一见到楚怀王，张仪就直接开口许诺："只要大王愿意和齐国断绝往来，秦国愿意奉上商於一带六百里的土地给楚国，与楚国结成兄弟之国。"

楚怀王一听，这"六百里的土地"，还是在商於一带，这笔买卖可真是划算啊！于是，他立即就点头答应了，好吃好喝地招待张仪，还给了他不少厚礼。

结果，目的达到之后，张仪转头就翻脸不认账，非说自己许诺的是六里地，而不是六百里，可把楚怀王气得够呛，一怒之下就兴兵去攻打秦国。结果，秦国这边早就已经做好了准备。楚国呢？又把自己的盟国齐国得罪了，最后不仅没能讨得好，还把丹阳和汉中给丢了。

这事之后，楚怀王就和张仪结下了大梁子。但很快，楚怀王报仇的机会就来了。

一年之后，秦国主动向楚国示好，表示愿意把汉中一半的土地还给楚国。结果，楚怀王直接告诉来使："土地不要，把张仪送来！"

得知此事后，张仪主动向秦王表示，自己愿意出使楚国，并且胸有成竹地告诉秦王，自己一定能够平安归来。

到了楚国之后，张仪连楚怀王的面都没见着，就直接被下了大狱。张仪也不着急，暗中派人贿赂楚国的大臣靳尚。靳尚一面在楚怀王面前给张仪说好话，一面又派人去游说楚怀王的宠妃郑袖。他告诉郑袖说："秦王可是很喜欢张仪的，为了救张仪，秦王已经打算要拿出上庸的六个县和许多能歌善舞的美人来讨好大王了。到时候，这秦国的美人来了，大王看在一同送来的土地的面子上，必然也会去宠爱她们，到那个时候，只怕夫人您的地位会受到威胁啊！"

郑袖听完这话，果然到楚怀王面前去给张仪说情，让楚怀王把他给放了出来。就这样，张仪再次逃过一劫。

❧ 草人借箭 ❧

在唐朝"安史之乱"时期，唐玄宗在安禄山叛军攻入长安之前逃了出去，大将郭子仪和李光弼收到消息之后，也纷纷放弃河北，退守灵武和太原，致使原本已经收复的一部分郡县又落入叛军掌控之中。

当时，原本担任雍丘县令的令狐潮已经投降安禄山，在叛军攻入潼关之前，安禄山便派他率军去攻打雍丘附近一个叫作真源县的地方。

真源县的县令叫作张巡，是个非常有气节的人，他不愿意投降安禄山，于是招募了一千多个壮士，直接占据雍丘，和叛军展开抗衡。

令狐潮来攻打张巡的时候，带的叛军足有四万余人，双方兵力悬殊。但令人意外的是，张巡和雍丘将士的战斗力十分惊人，坚守了六十余天，也没让叛军攻入雍丘，这让令狐潮倍感挫败。

当然，张巡和雍丘将士们的日子也不好过，就连吃饭的时候都穿戴着盔甲，一批受伤了换另一批上，刚包扎好伤口又继续拿起武器加入战斗。就是凭借着这股惊人的毅力，他们足足打退了叛军三百多次进攻，将令狐潮大军一直拦在雍丘之外。

长安失守的消息传到雍丘时，令狐潮非常高兴，又一次集结人马来攻城。他先是令人送了一封信给张巡，劝说他投降。当时驻守在雍丘城里的将领有六个，面对这样的形势，这六位将领都开始动摇了，毕竟这国都都陷落了，皇帝也不知道是死是活，他们死守着小小的雍丘又有什么用呢？

张巡知道他们的心思之后，非常愤怒，但考虑到当时的形势，他并未表现出什么，只说等第二天再将大家都召集起来，一块儿商量这件事情。

第二天，张巡把全县的将士都召集起来，然后将这六名已经动了投降心思的将领抓了起来，当场宣布他们犯下背叛国家、动摇军心的罪状，并果断将这六人尽数斩杀。在张巡一席话的激励之下，雍丘的将士都非常激动，纷纷表示一定会与叛军抗争到底。

然而，虽然将士都满怀热血，但在与叛军长久的拉锯战之下，城里的箭都用完了，这可是阻止叛军攻城的重要武器，没有箭，他们怎

么和叛军打呢？为了这事，张巡心急如焚，一连几天都睡不好觉，合不上眼。他思前想后，别说，张巡还真想到了一个主意。

有一天深夜，令狐潮正在研究要如何攻破雍丘城，突然有士兵来报，说发现雍丘城头出现了上百个穿着黑色衣服的人，正沿着绳索爬下城墙。令狐潮一听，一拍大腿怒喝道："肯定是那张巡，想趁着夜色派人来搞偷袭！"于是，他立即下令，让士兵们对着城头放箭，射杀那些人。

接到令狐潮的命令后，弓箭手纷纷就位，对着雍丘城头那些人影就是一顿猛射。结果，令人惊恐的事情发生了，那些被箭矢射得密密麻麻的士兵居然又顺着绳子爬上城头，换下一批士兵下来。弓箭手都很害怕，射箭射得更卖力了。

结果，一夜过去，等天色渐渐明亮，令狐潮手下的叛军才发现，那城墙上挂着的哪里是什么士兵，明明是一排排穿着黑色衣服的草人！令狐潮这才反应过来，自己这是着了张巡的道了。

至于雍丘城这边的士兵，那可都高兴坏了，把射满箭的草人拉上城墙之后，一清点，这一个晚上，竟足足收获了几十万支箭，解决了燃眉之急。

又过了几天，令狐潮这边的叛军又在深夜发现，雍丘城的城头上又放下来了"草人"，这回大家可有经验了，想着肯定是张巡又想来骗他们的箭，根本都不理会他。可谁能想到，这一次张巡吊下城头的，还真不是什么草人，而是货真价实的五百精兵。这些精兵在夜色的掩盖之下，直接向令狐潮的大营发起了突击，把毫无准备的令狐潮大军打了个措手不及，四散奔逃。

第八计
暗度陈仓

妙计破译

　　故意暴露行动，吸引敌人的注意力，然后暗地里展开真正的行动，出奇制胜地赢得胜利。

❦ 兵法天才韩信 ❦

　　秦末，天下大乱，为反抗秦朝暴政，各地纷纷爆发了轰轰烈烈的农民起义。当时，起义军领袖楚怀王曾许诺，谁能先将咸阳拿下，谁日后便是关中王。

　　楚怀王麾下力量最强的是项羽，他集结了四万大军，直取关中，决心拿下这片最肥沃的土地，最富裕的地盘。然而，项羽大军才到函谷关，就听说咸阳已经被刘邦给攻下来了，这让项羽十分恼怒。于是，项羽直接率军挺进关中，驻扎在鸿门，并扬言一定要杀了刘邦。

　　那时候，刘邦的兵力远不如项羽，根本没有足够的力量和项羽抗衡。为了保住小命，刘邦只得拱手让出了咸阳和关中，主动向项羽投诚。

　　虽然刘邦服了软，但项羽对他显然没有完全放心，在给了他汉中的封地之后，还把与汉中相邻的关中分封给了秦朝的三个降将，试图用他们来牵制刘邦的势力。

哪怕心里再憋屈，刘邦也明白，这形势比人强，除了忍气吞声，自己也没别的办法，只得带着一帮手下浩浩荡荡去了汉中。

汉中其实就是今天四川东部和西部地区，以及陕西的西南部和湖北的一小部分地区，多是悬崖峭壁，特别难走。为了防止其他诸侯偷袭，也为了向项羽表明，自己确实没有想要和他争天下的野心，刘邦在抵达汉中之后，就采用了张良的计策，直接把所有的栈道都给烧毁了。

田荣原是齐国田氏宗族的人，和项羽有旧怨。项羽自封西楚霸王之后，并没有分封他。没过多久，田荣就直接起兵造反了。刘邦得到这一消息后，知道自己的机会来了，便命手下大将韩信领兵，趁机进攻关中。

当初，项羽为了辖制刘邦，将关中分封给秦朝的三个降将，其中，雍王章邯正是他设置来阻挡刘邦出汉中的第一道门户。要想夺取关中，刘邦要面对的第一个敌人，就是章邯。

再说回韩信——刘邦此次任命的"第一指挥官"。

韩信是个兵法奇才，平民出身，曾经投奔过项羽，但没得到重用，后来才转投刘邦的。韩信这人特别能屈能伸，早年日子过得不

好的时候，常常被人欺负。有一次，一个屠夫故意羞辱韩信，让他从自己胯下钻过去，否则就不放过他。当时，围观的人很多，但韩信知道，自己敌不过屠夫，便在一片嘲笑声中钻过了屠夫的胯下。懂得低头的人是十分睿智且有勇气的，韩信就是如此。而后来的事实也证明，韩信确实是个了不得的人物。

自从被刘邦任命为第一指挥官之后，韩信立刻就在军中开始动作了。一开始，将士们心中对他是很不服气的，只是碍于他的身份和地位，勉强听从他差遣。但很快，大家就发现，韩信的确有两把刷子。他每日都亲自去监督士兵操练，还能有理有据地指出他们在操练时存在的问题，甚至还教导将士要如何排列阵势，如何整齐步伐，种种排兵布阵的妙法，简直就是信手拈来。

见识了韩信的本事之后，将士们终于从心底里服气了，真正对他生出了敬畏之心。就这样，在短短数日，韩信就凭借自己的本事，将手下的军队训练成了一支军容严整、壁垒一新的队伍。

韩信所展现出来的能力让刘邦更加放心了，尤其在得知韩信针对章邯所制订的攻打计划竟与张良不谋而合后，当即就拍板同意了。

汉王元年八月，汉军出师东征。韩信先派出数百兵士去修建之前被焚毁的栈道，然后自己则和刘邦一起，暗地里率领大军从南郑出发，萧何则负责留守在川地，保证军饷的供给。

雍王章邯本就是项羽用来监视和辖制刘邦的第一道

"门户"，一直监视着蜀地的动向，第一时间就发现了汉军修复栈道的动作。对此，章邯嗤之以鼻：这栈道那么长，想要修筑简直难如登天，刘邦居然指望几百个人就能修复它？这不是开玩笑吗？那得修到猴年马月啊！

等得知刘邦提拔了一个名叫韩信的无名之辈做大将军时，章邯就更加放心了，他也让手下调查过韩信的情况，知道他曾放弃尊严，钻过别人胯下，对他更是看轻几分。因为这种种原因，章邯心中对汉军更加轻视，完全不将他们放在眼里，也不认为他们真能修复栈道，顺利出川。

结果，就在章邯每天逗乐一般地"监察"着汉军修复栈道的进度时，他突然接到急报，得知汉军早已神不知鬼不觉地到达陈仓了。等他手

忙脚乱地组织起军队赶去陈仓时，陈仓早已落入刘邦手中。尤其章邯手下的士兵，大多是秦朝的降军，对他也没多少忠诚度，这样一支军队，又怎么可能敌得过本就已经占据地利优势的汉军呢？最终，章邯兵败，走投无路之下只得拔剑自杀，大概到死他都不曾想通，自己怎么就会败给韩信这样一个无名之辈。

就这样，汉军终于顺利出川，而负责驻守关中东部的司马欣和驻守北部的董翳也相继投降了，关中地区被刘邦收归麾下，成为他日后称霸天下的重要资本。

吴起巧骗张邱

战国时期，卫国有一个名叫吴起的人，家里原本小有资产，但为了实现自己在政治上的抱负，他一直四处奔走，寻找门路，把家里积累的钱财花了个一干二净。即便如此，他也没能求得一官半职，还因为这些事情，遭到了乡人讥讽嘲笑。

吴起这人自尊心强，性子又烈，没少因为这样的事情和别人起冲突，甚至在一次冲动之下，杀死了当时诽谤嘲讽他的三十多个人。犯下这样的罪行后，吴起只得离家逃亡，临别之际，他跪在老母亲面前赌咒发誓，说自己如果不能混到封侯拜相，就绝对不回卫国。

经历这些事后，吴起发现，想要在仕途上有所发展，光靠钱财开路是不行的，还得自己有本事。于是，他就拜到了孔门弟子曾申门下，学习儒术。

没想到，不久之后，吴起就接到了母亲去世的消息，因为曾经的誓言，加上自己曾在家乡犯下的罪行，吴起没有回家为母亲奔丧守孝。这种行为显然违反了儒家忠孝的信条。因此，他的师父曾申和他断绝了师生关系，并将他逐出孔门。因为这件事情，吴起决定弃儒学兵，也就此找到了真正能够发挥自己天赋的道路。

吴起在军事方面确实是非常有天赋的，很快就入了鲁国国君鲁元公的眼。正巧这时，齐国和鲁国发生了一些冲突，齐国决定出兵攻打鲁国。眼看战事将起，鲁元公立刻就想到了吴起，有心起用他去对抗齐国。当时，吴起的妻子是齐国人，为了自己的仕途，吴起甚至直接杀了妻子，来向鲁元公表忠心。

就这样，吴起终于得到这次证明自己的机会。但他也很清楚，齐军的力量是非常强大的，纵使自己再怎么厉害，再怎么指挥得当，也未必就能跨越力量的悬殊，带领鲁军取得胜利。那么，究竟应该怎么办呢？

众所周知，只要建好防御工事，坚守怎么都比攻打要容易。因此，为了最大限度地保存实力，吴起下令让部队就地扎营，夜以继日地修建防御工事，然后坚守不战。

当时，齐国方面领军的大将是田和。田和一看，鲁军根本不敢和自己打，心里认定对方肯定认输了。尤其在齐军多次叫阵之后，鲁军依然闭营不出，更让田和对鲁军轻视了几分。为了进一步确认自己的猜测，田和派手下将领张邱打着

和谈的旗号去和鲁军谈判，实际上是让他去对方军营中刺探一下情况。

吴起接到消息后，很快就同意了和谈的要求，并故意在张邱前来和谈的这天，把精锐部队全都给藏了起来，只留一些老弱病残的士兵在军营里四处走动。等一见到张邱，吴起更是摆出一副卑躬屈膝、可怜巴巴的样子，央求齐国退兵休战。

看到这样的状况，张邱非常得意，回去当天就把鲁军军营里的情况绘声绘色地讲给了田和听，这回田和也放心了，更是觉得只要多施加几次压力，不愁鲁军不举手投降的。

结果，就在张邱回去的当天，吴起亲自率领着一支早已训练好的精锐部队，趁着夜深人静，突袭齐军军营，一把火把齐军的粮草烧了。当时，张邱刚刚"和谈"归来，齐军从上到下都放松了对鲁军的戒备，对鲁军的突袭更是毫无准备，最终被吴起打得丢盔弃甲，仓皇败逃。

鲁军大获全胜之后，鲁元公非常高兴，本想加封吴起，但这时朝堂上有人跳出来，指责吴起，把他的黑历史都给翻了出来。毕竟吴起曾经做过的许多事情确实都不太地道，鲁元公心存疑虑，最终还是辞退了吴起。就这样，鲁国错失了这位军事天才。

第九计

隔岸观火

妙计破译

　　当敌方存在矛盾冲突时，不要急着去进攻，而是先静观其变。当发现敌方矛盾激化，互相斗争和倾轧得越来越明显时，不要急着趁火打劫。操之过急，往往可能会导致敌方暂时联合，从而增强反抗的力量。但如果故意退开一步，反而可能让敌方矛盾继续激化，甚至最终自相残杀，起到削弱敌方力量的效果。

❧ 曹操坐山观虎斗 ❧

　　在官渡之战中，曹操把袁绍打得溃不成军。大概是受打击太大，回国之后，袁绍就一病不起，没两年就死了。袁绍这么一死，他的儿子就立马开始争权夺利。大儿子袁谭自封为车骑将军，小儿子袁尚则接替了袁绍的事业，和老二袁熙一起驻守在黎阳城，兄弟二人互相之间谁也不服谁。

　　得知袁绍离世，曹操自然不会放过这个机会，立马就领着部队杀来了，没多久就兵临黎阳城下。原本为了争权夺利，袁谭、袁尚等人正斗得热火朝天，这一听说曹操都快打到家门口了，兄弟俩赶紧停下争斗，采取了暂时合作的策略，共同抗击曹军。

然而，合作这事，说起来容易，做起来难。原本袁家兄弟之间就矛盾重重，毫无默契，之前的内斗又消耗巨大，临时凑到一起，也实在没有什么凝聚力。这不，还没和曹军打上几个回合，就直接败退了。袁家兄弟一看大势不妙，连夜就逃去了邺城。

邺城防守坚固，易守难攻，曹操也清楚这种情况，非常果断地撤退了。回到黎阳城之后，曹操想了想，留下贾信负责驻守，自己悄悄率部到西平驻扎，明面上则放出消息，说自己要去刘表那里。

本来有曹操这个大威胁在的时候，袁谭和袁尚兄弟俩还能暂且放下恩怨，一致对外。现在，一看曹军撤了，兄弟俩又开始大打出手。在争斗过程中，袁尚逐渐占了上风，最后把袁谭围困在平原城。袁谭一看，形势对自己十分不利，怎么办呢？他脑子一抽，想了个馊主意——向曹操投降。

接到袁谭投降的消息，曹操乐了，把手下的将领谋臣都召集起来，一同商议这件事。一个谋臣站出来，对曹操说道："袁家兄弟坐拥十万大军，还占据了很多地盘，要是他们团结起来了，那必然会是巨大威胁，想拿下他们着实不容易。但现在，他们正忙着内斗，打得热火朝天，根本顾不上其他的，这不正是我们的大好机会吗？可千万不能错过啊！"

曹操一听，觉得非常有道理，就接受了袁谭投降，并派兵前去相助，帮袁谭把袁尚打退了。只不过袁谭从一开始就不是真心投靠曹操的，只是试图利用曹军来牵制袁尚的势力，好借机翻身。因此，袁尚才一败走，袁谭就背叛了。可谁想，这曹操从一开始也没有完全相信袁谭，袁谭这边一有异动，曹操就直接让人把他给杀了。

而袁尚和袁熙呢，被袁谭和曹操联手击退后，就投奔了乌桓。曹操想要统一北方，不管袁家还是乌桓，都是他的障碍。因此，在杀死袁谭，基本瓦解袁家势力之后，曹军的下一个目标，就是乌桓。

八月，曹军在白狼山大破乌桓大军，乌桓单于和袁尚、袁熙兄弟一看势头不对，立刻带着剩余的数千骑兵投奔公孙康。

听到这个消息之后，曹操非常高兴，非但没有乘胜追击，反而停了下来，准备班师回朝了。大家都觉得很奇怪，不赶紧趁着袁氏兄弟失势的时候斩草除根，还等什么呢？曹操却胸有成竹地表示："不需要劳师动众了，公孙康会主动把袁尚和袁熙的人头送来的！"

现在回过头来，说公孙康。袁尚和袁熙投奔公孙康，并非单纯想要他庇佑。事实上，兄弟俩一开始就已经商量好，打算在见到公孙康之后，就把他给杀了，然后占领辽东。这样一来，他们就有了翻盘的资本，可以以辽东为根据地东山再起。

公孙康呢，当然也有自己的盘算。相比失势的袁氏兄弟，显然曹操更可怕，他怎么可能会为了袁氏兄弟和曹操对着干呢？从一开始，他其实也打定主意，要把袁氏兄弟拿下，来作为自己向曹操示好的投名状。

就这样，在双方各有打算的情况下，公孙康和袁氏兄弟会面了。不等袁氏

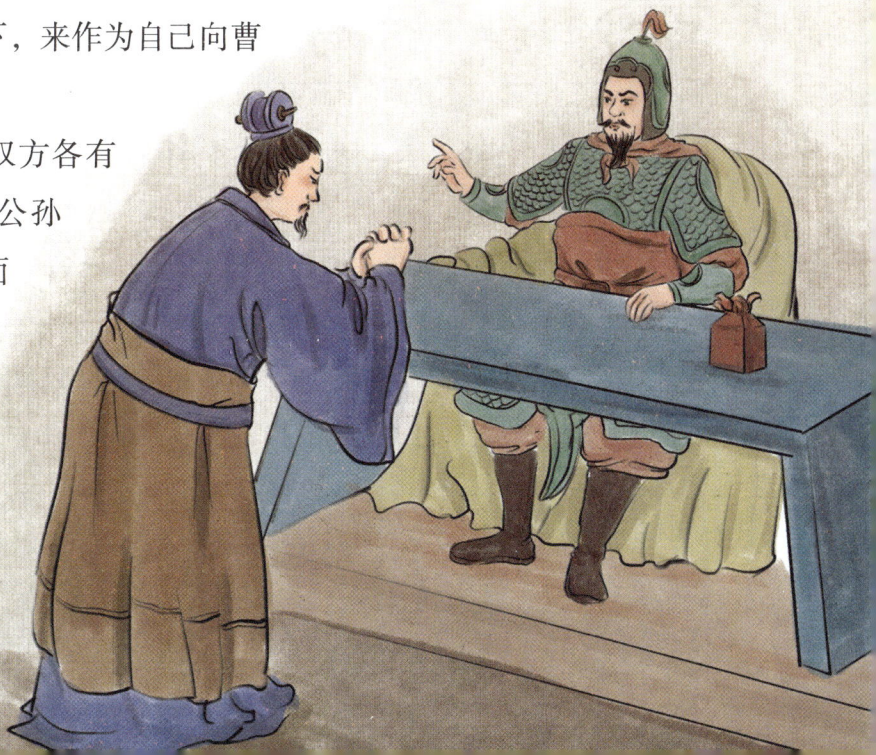

兄弟做什么，公孙康埋伏好的人手就已经冲出来，制服了他们和乌桓单于。没过多久，曹操果然收到了公孙康主动奉上的袁尚、袁熙和乌桓单于的人头。

事后，有将领问曹操："为何您明明都已经撤军了，公孙康还要主动杀死袁尚和袁熙，将他们的人头献给您？"

曹操笑道："公孙康和袁尚、袁熙本就没有多深的交情。如果当时我军去进攻，外力就会迫使他们选择合作，一起来对抗我军。但如果我选择隔岸观火，他们没有外力威胁，自然就会自相残杀。是形势迫使他们做出了这样的选择。"

➢ 孙膑：救韩国？不急 ➢

公元前 342 年，魏国发兵攻打韩国。眼见魏军来势汹汹，韩国当时的国君韩昭侯慌了，赶紧派使者前往齐国求援。齐威王收到消息后，就把大臣召集起来，一起商量关于救援韩国的事情。

当时，齐国的相国是成侯邹忌，邹忌一听这事，直接站出来说道："当然不救了。魏国和韩国打仗，关我们齐国什么事？让他们自相残杀，最好弄得两败俱伤，这对咱齐国才有好处！"

听了邹忌的话，齐威王点点头，觉得有道理。不少大臣也纷纷应和，认为邹忌说得对。这韩国啊，就不该去救。

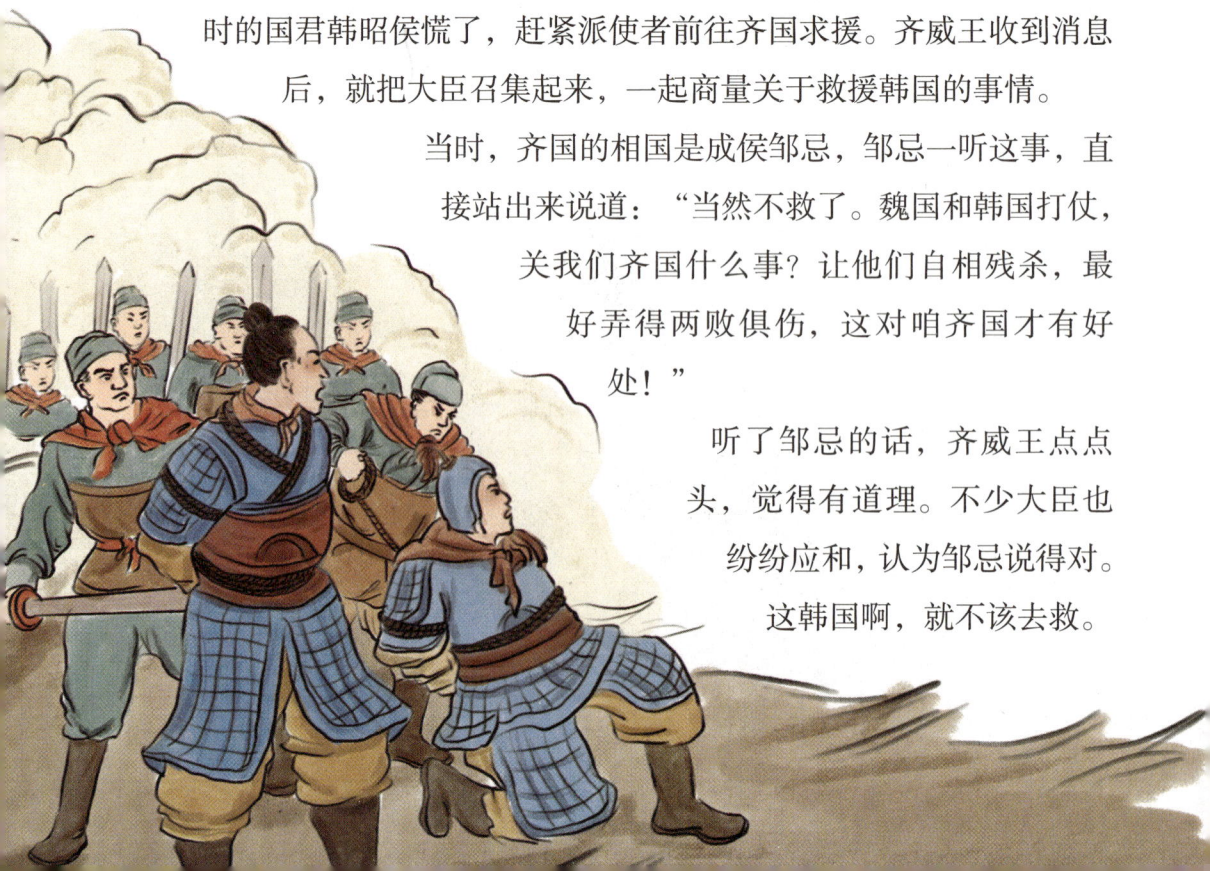

就在这个时候，大将军田忌站出来了。田忌和邹忌一向不对付，他直言不讳地反对道："怎么能不救呢？这要是不救，那等韩国真被魏国吞并了，魏国肯定实力大增，到时候我们齐国就会成为下一个目标，岂能独善其身啊？等到那时候，就追悔莫及了。"

一听这话，齐威王又觉得，田忌说得似乎也有点儿道理。另一部分大臣也纷纷点头表示同意，认为田忌说得对。这韩国啊，必须得救；否则唇亡齿寒，韩国没了，齐国也不会太平。

看着大臣各执一词，辩得热火朝天，齐威王也是难以抉择，这韩国到底救是不救呢？

就在这时，齐威王注意到，孙膑就站在一旁，一副气定神闲的样子，根本没参与众大臣的讨论，仿佛心里已经有了主意。齐威王就问孙膑："你怎么看？这韩国到底救是不救？"

孙膑笑了笑，说道："我认为，不管救还是不救，都不好。我们应该'救而不救，不救而救'。"

听到孙膑这话，众大臣都停下了讨论，疑惑地看向他，压根儿不明白他在说什么。

孙膑也没卖关子，继续解释道："魏国现在发展得好，国力比较强盛。近些年，仗着这一优势，魏国行事非常嚣张，前年才去打了赵国，今年又来打韩国，总有一天，肯定会轮到齐国头上。如果我们现在不答应出兵帮助韩国，就相当于放弃了韩国。这样一来，韩国如果真被魏国拿下，必定会助长魏国的气焰，让魏国更上一层楼，齐国陷入险境的那天也就不远了。所以，韩国不能不救。但问题是，现在魏国才刚刚和韩国打起来，韩国方面的实力并没有受到什么损耗，士气也正旺，我们这时候去救韩国，相当于让韩国坐享其成，而损耗的却是我们齐国的兵力，这对我们没有任何好处，反而会让我们元气大伤。所以说，现在就出兵救援，那也是很不明智的。”

齐威王又赶紧问："那先生您说到底应该怎么办啊？"

孙膑笑道："依我看，倒不如这样，咱们先答应韩国的请求，让人去告诉韩昭侯，齐国愿意发兵援救韩国，让他们放心。有了这个承诺，就相当于免去了后顾之忧，韩国必定士气大增，和魏军打起来也会更卖力。我们就可以先按兵不动，隔岸观火，等他们打得差不多了，我们再出兵去帮助韩国。这样一来，既能保下韩国，又能减少齐国军队的损耗，何乐而不为呢？"

齐威王大喜，拍着手笑道："说得好！就依先生之言行事。"

随后，齐威王答复了韩国前来求援的使者，告诉他说："放心，齐国援兵不日就到。"

收到齐国的回复后，韩昭侯果然放心地和魏军交战了，一直到韩国快要支撑不住的时候，孙膑这才率齐军前去救援，一举打退了魏军。

第十计

笑里藏刀

妙计破译

　　取得对方的信任，就能消解对方的防备，从而暗中图谋，实现自己的目的。任何事情都应该做好准备之后再付诸行动，不能提前在对手面前暴露自己的目的，以免计划有变。这是一种内藏杀机而外示柔和的谋略。

∽ 公孙鞅智取吴城 ∾

　　战国时期，秦国在公孙鞅的改革策略下迅速发展，拥有了争夺天下霸主的实力。为了实现对外扩张，秦国必须夺取黄河崤山一带的地盘，但那里地势险要，易守难攻，当时掌握在魏国手中。想要夺取崤山，秦国就必须攻打魏国。

　　当时，秦孝公任命公孙鞅为大将，将率兵攻打魏国的任务交给了他。很快，在公孙鞅的带领下，秦国大军就抵达了魏国吴城城下。吴城原本是魏国名将吴起所掌管经营的地方，本身就占据地理上的优势，地势十分险要，加上吴起掌管时期所修筑的防御工事又十分坚固，想要攻下吴城，绝对不是件容易的事。

虽然秦军十分强大，但公孙鞅也不愿将军力消耗在不必要的地方，一直苦苦思索攻城之计。就在这个时候，公孙鞅派出的探子打探出一个非常重要的消息，那就是魏国的守将，竟然是公孙鞅的老熟人，曾经与他有过交往的公子行，这让公孙鞅非常高兴，一个计划悄然在他心中成形。

公孙鞅先是写了一封信，派人送给公子行。在信中，公孙鞅情真意切地回忆了二人曾经的交情，对当下的状况也几度唏嘘。公孙鞅表示，虽然现在他们俩各为其主，但自己从来不曾忘却曾经的深厚情谊，实在不愿意和公子行为敌。因此，他很希望能够与公子行和谈，免去这场兵灾，让秦国和魏国订立和约，就此休战。

公孙鞅这封信，写得简直是真切感人，念旧之情溢于言表。把信送出之后，公孙鞅还当即下令，把秦军的先锋部队都给撤回来了。

公子行收到信之后，感动不已，又见到秦军竟然真的退了，当即就打消了对公孙鞅的怀疑，心里十分高兴，马上给公孙鞅回了一封信，表示自己愿意接受和谈，还和公孙鞅约定好了和谈的时间和地点。

然而，对公孙鞅来说，什么真情实感，停战和谈，都不过是拿下吴城的策略罢了，见公子行中计入套，他立马就展开行动，提前在约定好和谈的地方埋伏下重兵，设下天罗地网，就等着公子行往里撞呢。

到了约定和谈的那天，公子行带着三百名随从来了，等到约定地点一看，这公孙

鞅带的随从居然很少，而且这些随从还都两手空空，连件防身的兵器都没拿。公子行顿时感动不已，觉得公孙鞅这人实在是太真诚，太可信了，心里更是完全打消了对他的怀疑。

和谈气氛十分融洽，公孙鞅和公子行一起回忆了当初在一起的日子，重叙曾经的深厚友情，还表达了希望秦魏两国能够交好的意愿，谈得十分开心。公孙鞅还命人摆下宴席，要招待公子行一行人。

就在这种和乐融融的气氛下，公子行刚入席，还没坐定，就听到公孙鞅一声号令，提前埋伏好的秦军就从四面八方涌了出来，直接把他和随行的三百名随从都给擒获了。

拿下公子行和这些随从之后，公孙鞅当即下令，让早已挑选好的秦军换上公子行随从的衣服，挟持着公子行，骗开了吴城的城门。就这样，易守难攻的吴城被公孙鞅不费一兵一卒就轻易拿下了。

失去吴城之后，魏国方面只得向秦国妥协，同意割让土地。就这样，公孙鞅一计笑里藏刀，轻轻松松就拿下了崤山一带，为秦国日后对外扩张打下了坚实基础。

∽ 隐藏在笑容背后的杀机 ∽

春秋末期，吴国国君诸樊临死前立下遗嘱，把王位传给了弟弟余祭。其实，诸樊自己是有个儿子的，他的儿子名叫姬光，人称公子光。公子光认为他才是诸樊正统的继承人。然而，就因为诸樊留下的遗嘱，公子光错失王位，这让他心中郁结不已。

没过几年，余祭死了。余祭死后，弟弟余眜即位。余眜死后，王位依旧没能轮到公子光，而是落到了余眜的儿子僚的手里。一而再、再而三发生的事情让公子光十分不满，对僚更是怀恨在心，觉得他占了自己的位子。为了夺回王位，公子光对僚产生了杀心。但当时，僚的实力比他强大，而且已经登基，想要拿下僚，可不是件容易的事。

为了壮大自己的实力，累积更多资本，公子光开始私下在全国广招贤能。当时，楚国有个特别厉害的人，名叫伍子胥。伍子胥本来是个贵族，但因为一些事情，楚王把他的父亲和哥哥都杀了，伍子胥非常愤怒，一心为父兄报仇，就离开楚国到了吴国。公子光知道这事后非常高兴，便私下拜见了伍子胥，一心把他收归麾下。

伍子胥见到公子光，两人进行了一番谈话之后，一拍即合，伍子胥表示愿意效忠公子光。得到伍子胥的承诺之后，公子光便将自己想要除去僚、夺取王位的心思坦然告诉了他，并询问伍子胥有没有什么计策可以实现这个目标。伍子胥便向公子光推荐了一个十分厉害的刺客，名叫专诸。

专诸这人武艺高强，身强体壮，力大无穷，得知公子光的来意之后，当即就表示："这件事我应下了，但要行刺国君，就这样明目张胆地去，肯定是不能成功的。想要钓大鱼，就要准备好的鱼饵；同样，想要刺杀国君，就得知道他的喜好。"

听到这话，公子光想了想，说道："他平时特别喜欢吃红烧鱼。"

专诸一听，笑道："那就没问题了。我先去太湖学一学烧鱼的技术，那里盛产肥鱼，也最会做鱼。"

之后，专诸果然去了太湖，花了三个月的时间，掌握了所有做鱼的技巧，然后才回来见公子光。虽然一切都准备就绪，但僚身边一直有两个特别厉害的武将随侍，一个名叫掩余，一个名叫烛庸。这两人十分厉害，公子光一直没能找到合适的机会让专诸接近僚。

公元前516年，楚国国君突然去世，国内陷入一片混乱。吴王僚便把掩余和烛庸派了出去，率军攻打楚国，打算趁机捞点儿便宜。掩余、烛庸一走，公子光就知道，自己的机会来了。

公子光和伍子胥迅速商定好了计划，便去见僚，对他说道："大王，听说您特别喜欢吃红烧鱼，我前阵子从太湖请来一位特别厉害的厨子，他的拿手好菜就是红烧鱼，那味道真是一绝。这好东西当然要和大王您一起分享。请大王就去我那里品尝一番，如何？"

僚对公子光并不完全信任，但不好推脱他的邀请，权衡之后还是答应了。

当然，虽然答应赴约，但僚也是做了万全准备的。他穿上了三层铁甲，带的侍卫能从王宫一直排到公子光家门口。入席之后，他更是让人把每一个端饭送菜的人都查了个仔仔细细才能接近他的桌子，任何危险的人物和事物都没有机会接近他。

　　酒宴开始之后，大家纷纷向吴王敬酒，公子光趁着这个机会，假装崴到脚，然后溜了出去。不一会儿，专诸就出现了，他扮成厨师的样子，端着一条热气腾腾的红烧鱼，恭敬地跪行到吴王面前，谄媚地笑着将红烧鱼举起，让吴王僚品尝。

　　僚本就喜欢红烧鱼，一看到鲜美的鱼，警惕性也降低了不少。就在他拿起筷子夹起一块红烧鱼的时候，专诸突然从鱼肚子里抽出一把短剑，朝着僚就刺了过去。这柄短剑乃是一把宝剑，十分锋利，专诸本身又力大无穷，一下子就把僚身上穿的三层铠甲刺穿，直接刺进了僚的胸膛。侍卫们这才反应过来，一拥而上杀死了专诸，但此时僚也已经死去。而公子光早已埋伏好的士兵也在此时冲了出来，剿杀了所有僚带来的侍卫。

　　就这样，公子光杀死僚之后终于登基成为吴王，他就是历史上有名的吴王阖闾。而专诸之子也因父亲的功绩而被阖闾提拔做了上卿。

第十一计
李代桃僵

妙计破译

如果形势的发展导致必须有所损失，就应该舍弃弱小的部分，以保全更为强大而重要的部分。

✎ 曹操是怎么虎口脱险的 ✎

东汉末年，天下大乱，群雄割据，董卓篡权。为了匡扶汉室，十八路诸侯歃血为盟，共同推举袁绍为盟主，联手讨伐董卓。然而，这十八路诸侯个个心怀鬼胎，谁都不肯先耗损自己的实力，不少诸侯都按兵不动。就连盟主袁绍也天天设宴饮酒，压根儿就没有好好打仗的意思。

当然，这其中也有确实想要展开行动攻打董卓的人，比如曹操、孙坚、袁术等人，就是其中的行动派。

面对十八路诸侯的讨伐，董卓方面自然也是有所行动的。董卓麾下有一个非常重要的人物，名叫李儒，他可以说是董卓集团的智囊。他在董卓集团中的地位，不亚于诸葛亮在刘备集团，周瑜在东吴集团的地位。

李儒在分析了当时的形势后，提出了放弃洛阳，迁都长安的策略，以避开此时士气正旺的十八路诸侯盟军。结果，这一消息不知怎么就泄露了出去，被曹操等人得知了。

收到消息之后，作为行动派的曹操等人自然第一时间就对董卓大军发起了追击，可其他诸侯始终瞻前顾后，谁也不肯做出头鸟。最终，只有曹操、孙坚和袁术，各自带领一支队伍，分兵往不同方向前去追击董卓。

一直关注十八路诸侯盟军行动的李儒自然也了解他们的动向，当他得知各怀鬼胎的十八路诸侯盟军只有这些人马前来追击后，心中便有了对策。

李儒对董卓说："现在迁都长安的计划已经泄露，我们想要避开盟军，显然已经不可能。但盟军现在人心不齐，这些诸侯，个个都有自己的心思，肯出头的始终是少数。在这种情况下，我们与其想着怎么逃，倒不如在路上设下埋伏，伏击前来追击的部队。这样既能减少我们的损失，还能杀鸡儆猴，震慑其他诸侯，让他们不敢轻举妄动，这就为我们迁都长安的计划争取到更

多时间，也能加速盟军瓦解。"

董卓对李儒向来言听计从，此前的种种决策也已经充分证明了李儒的本事。李儒提出建议后，董卓立即就下令，让大将徐荣在荥阳城外的山坞之旁设下了埋伏，就等着前来追击的人。

那么，追得最紧、跑得最快的"倒霉鬼"是谁呢？没错，就是行动派曹操，后来纵横三国的曹孟德了。

当时，得知董卓要跑之后，曹操二话不说就直接带兵往西追去了。他一心只想着不能让董卓跑了，根本没想到董卓集团在逃跑的时候，居然还有时间和心思停下来设埋伏。于是，曹操大军才刚刚走到荥阳城外，就毫无预兆地听到了震天的喊杀声，全军毫无准备，被大将徐荣杀了个措手不及。

当时，情况十分危急，曹操被徐荣射中一箭，刚要撤退，又被两个小兵给刺下了马，坐骑受惊，一下子就钻入人群，不知道跑哪里去了。在情况万分危急之际，幸好曹洪及时赶到，杀死了两个小兵，这才让曹操有了一些喘息的时间。

说起这曹洪，他本是曹操家族里的一个兄弟。当初，曹操因为刺杀董卓失败，以献刀为借口争取到一些时间后，就逃回了老家，之后便散尽家财招兵买马，曹洪就是那个时候响应曹操

的号召，来到他身边行事的。

曹洪武力超群，是名勇将。但即使如此，在当时的情况下，两个人，一匹马，还有一堆敌军，怎么都是难以逃脱的。曹操一看这情况，就果断对曹洪说道："别管我，这次我怕是跑不了了，贤弟你赶紧走，还能争取一线生机！"

曹洪却翻身下马，一把抓住曹操，把缰绳递到了他手里，说道："主公，你赶紧上马！我可以步行！"

曹操说道："你开什么玩笑？步行哪里能比得过快马？要是被敌人追上，你该怎么办？"

曹洪坚定地对曹操说了这样一句话："这天底下，可以没有我曹洪，但不能没有主公您啊！"

曹操心中一阵感动，立即翻身上马，对曹洪承诺道："如果我能有命活下去，都是你的功劳！"

最终，在曹洪李代桃僵，不惧牺牲地让出自己的战马之后，曹操总算是有惊无险地逃过一劫，而曹洪也有幸找到一条小船，沿着汴水而下，保住了自己的性命。

❧ 死的到底是谁的儿子 ❧

公元前 597 年，在晋国大奸臣屠岸贾的挑拨离间之下，晋景公下令诛杀赵氏满门。当时，赵氏满门，包括仆人在内三百余人，全部被斩杀。唯一活下来的只有赵盾的儿子赵朔，以及赵朔之妻庄姬公主。但当时，屠岸贾仍不满足，担心赵朔将来报复自己，便直接假传圣旨，逼迫赵朔自杀，还把庄姬公主囚禁在王宫之中。

赵氏有两个非常忠心的门客：公孙杵臼和程婴。这二人比较幸运，没有牵扯到赵氏的灭门惨案中。他们得知庄姬公主即将生产之后，便有意去将这个孩子营救出来，帮赵氏留下仅存的血脉。

当时，程婴对公孙杵臼说："庄姬公主即将生产，如果到时候生下的是个男孩儿，他将是赵氏唯一的血脉，我一定要保护他，将他抚养成人。但如果她生下的是个女孩儿，我便要追随赵公而去了。"

公孙杵臼听了这番话，觉得程婴这人特别高义，非常敬佩，就和他结拜成为生死兄弟，并发誓要一起合作，拯救赵氏仅存的血脉。

不久之后，庄姬公主生下一个男孩儿，屠岸贾和程婴都得到了消息。屠岸贾立即下令，让人带兵去宫中搜查，要把这个男婴杀死，断绝后顾之忧。程婴则装扮成一个医生，背着药箱进宫给公主诊治，打算伺机将孩子偷出来。

在得知公主产子的第一时间，屠岸贾就已经派人封锁了王宫。程婴将孩子藏在药箱里，经过宫门时却被当时守门的将军韩厥给发现了，但韩厥对赵氏一族非常同情，便动了恻隐之心，没有声张此事，让程婴顺利带走了赵氏仅存的血脉。

但程婴和公孙杵臼没有想到的是，在得知孩子被带走之后，屠岸贾竟直接下令，如果三天之内没有人主动将

孩子交出来，就要将全国一岁以下的婴儿全部杀死。

一边是赵氏唯一的血脉，一边是无数无辜孩子的性命，无论选择哪边，对程婴和公孙杵臼来说，都是无法背负的沉重。

在二人商议办法的时候，公孙杵臼问了程婴一个问题："您认为，是替赵家把孩子抚养长大更难，还是为了赵家仅存的血脉去死更难？"

程婴毫不犹豫地回答道："当然是抚养孩子更难，去死可容易多了。"

于是，公孙杵臼说道："行吧，这赵家的人对你有大恩，难的事情还是交给你去做吧，我就做容易的事，为赵家去死得了。"

程婴和公孙杵臼都知道，找不到赵氏孤儿，屠岸贾是不会死心的，无论如何，必然会有一个无辜的孩子要失去性命。正巧此时，程婴的夫人也刚刚为他生下一个儿子，为了避免祸及更多无辜，程婴忍痛将自己的儿子交给了公孙杵臼，打算来一招李代桃僵，用自己的儿子去冒充赵氏孤儿。

就这样，公孙杵臼带着程婴的儿子躲进了深山之中，而程婴则主动站出来，声泪俱下地向屠岸贾和众将军揭发道："我与公孙杵臼同在赵朔门下。庄姬公主生下孤儿，托付给我们两个藏匿，我害怕事情败露，被人告发，所以来向您报告。"

之后，程婴果然带着众人找到了公孙杵臼的藏身之地，并从公孙杵臼手中抢到一个刚出生不久的男婴。公孙杵臼指着程婴，目眦欲裂地痛斥道："你这个卑鄙小人，胆小懦夫！赵家于你有大恩，你不想着如何报答恩情，保全赵家的血脉，反而出卖我，出卖这个无辜的孩子！苍天啊！你睁眼看看，这刚出生的孩子，又有什么罪过呢？"

众人见公孙杵臼悲痛欲绝的样子，对孩子的身份更认可了几分。屠岸贾一声令下，他们便毫不犹豫地杀死了公孙杵臼和婴儿。眼看着自己的结义兄弟和亲生儿子死在眼前，程婴简直痛不欲生，但为了不让众人看出端倪，他只得忍着悲痛强颜欢笑，就连一滴眼泪都没敢流。

　　人们知道这件事后，都看不起程婴，指责他是个忘恩负义的小人。但程婴从来没有辩解过一句，只是带着孩子躲进了深山。

　　十五年后，当年的婴孩赵武长大成人，程婴就将他的身世告诉了他。正值新上任的晋悼公有意为赵氏平反之际，韩厥就站出来，将赵氏的冤情告诉了晋悼公。在晋悼公的特许下，赵武杀死了屠岸贾满门。直到这个时候，人们才知道，程婴和公孙杵臼这两位大义之士究竟为赵家做出了怎样的牺牲。

第十二计

顺手牵羊

当对手出现任何小的漏洞时，都要乘机利用。哪怕再微小的利益，也要努力去争取，让对手的每一个小漏洞都能转化为我方的每一个小胜利。

❧ 李愬剿灭吴元济 ❧

唐朝在制度方面沿袭了北周和隋朝的旧制，在一些重要的地区都单独设置了负责节制调度的军事长官，也就是节度使。

到唐朝中期，各个地区的节度使职权都是非常大的，有独立的军权和经济大权，许多地区都仿佛自成一国，完全不把朝廷放在眼里。

吴元济是当时的蔡州节度使之子，在父亲死后就继承他的位置，成为新的节度使。吴元济为人十分嚣张，完全把自己当作土皇帝，自从成为新的节度使后，他便直接起兵，叛反了当时的朝廷，试图真正把自己变成蔡州的土皇帝。

吴元济叛乱后，唐宪宗便下旨，让李愬担任唐州节度使，负责平定叛乱。李愬上任之后，为了麻痹吴元济，先是故意叫人放出口风，称自己到唐州只是为了管理秩序，至于吴元济叛不叛乱，和自己并没有什么关系，自己没这个能力，也没这个心思去管。

一开始，听说朝廷派了人来平乱，吴元济原本还比较担心，但他听到这些话之后，当即就放下了心。在吴元济看来，蔡州就是自己的天下，李愬一个初来乍到的人，即便有通天的本事，恐怕也不敢和自己为敌。之后，吴元济又观察了李愬许久，发现他确实没有什么攻打自己的意思，便彻彻底底把李愬抛到了脑后。

在成功麻痹吴元济之后，李愬为自己争取到了一段安全的时间，并利用这段时间一直在思考，究竟该如何对付吴元济。

一次偶然的机会，李愬擒获了吴元济手下的一员大将李祐。抓到李祐之后，李愬对他非常客气，不仅没有对他用刑，反而将他待为上宾。李祐被李愬打动，终于决定向他投诚，并将吴元济的兵力部署都告知了李愬。

原来，吴元济的兵力主要都集中部署在洄曲一带，由他手下大将董忠质所统领，而真正镇守在蔡州的，其实都是一些没有什么战斗力的老弱残兵。这也就意味着，只要能在吴元济反应过来之前，将蔡州拿下，活捉吴元济，就能将蔡州的事情彻底解决。

定下计划之后，李愬暗地里组建了一支能力精悍的兵马。在一个风雪交加的深夜，李愬带领这对兵马，通过一条小

路，直接抵达了蔡州城的北边，这一路都没有被蔡州城的守兵发现。

因为一直对李愬非常放心，吴元济对蔡州的管理一直非常松散。当李愬带兵抵达蔡州城下的时候，守城的士兵还在呼呼大睡呢。趁这个机会，李愬和这队训练有素的士兵轻而易举地爬上了城墙，打开了城门。

此时，吴元济对靠近的危险浑然不知，依然还沉浸在睡梦中呢。等到他终于被外面的嘈杂声吵醒时，早已陷入了重重包围，忠心于他的守卫也早就被李愬带来的士兵杀了个干净。就这样，防备松散的蔡州落入了李愬手中。

一开始，吴元济还试图顽抗，想要拖延时间，等待洄曲的援兵赶到。然而，不管他再怎么挣扎，蔡州城里连一条消息都传不出去，更别说等什么援兵了。

拿下吴元济之后，李愬特意将他关入囚车之中，游街之后便令人押往长安去问罪，还把这一消息大肆宣扬了出去。等驻守在洄曲的董忠质收到消息时，吴元济已经在被押解的路上，一切都已经来不及了。眼看大势已去，董忠质思前想后，干脆直接向李愬投了诚。就这样，李愬不费一兵一卒，顺手牵羊地把洄曲也纳入了掌控之中，完美地完成了唐宪宗交给他的任务。

❧ 以弱胜强，苻坚是如何兵败的 ❧

前秦是由少数民族氐族建立的政权，经过十多年发展之后，国力有了明显提升。前秦皇帝苻坚，在基本统一北方之后，便打算向偏安江南的东晋发起进攻，想要一举将东晋消灭，实现南北地区的统一。

公元383年，苻坚率领大军从长安出发，直指江南。同时，他又安排了裴元略率七万水军从巴蜀出发到建康。对这次出征，苻坚信心满满，认为必定能一举重挫东晋，让自己统一天下的计划更进一步。

面对苻坚的攻势，东晋方面并不着急。宰相谢安经过对当前形势分析后，让弟弟谢石出任大都督一职，并令侄子谢玄为前锋都督，率领着八万兵马前往江北，阻挡前秦军队的进攻。至于水师裴元略一路，他则安排胡彬带领五千水军前去对付。

原本按照谢安的安排，胡彬是要赶去寿阳和前秦水军交锋的，但没想到，连目的地都还没到，胡彬就接到消息，说苻坚已经把寿阳给拿下了。没办法，胡彬只得先暂时退到硖石，然后派人给谢安报信，并询问下一步安排。

结果，信还没送到呢，苻坚大军已经攻下洛涧，把胡彬的后路都给截断了。这样一来，胡彬的部队就陷入了前秦大军的前后夹击之中，粮草很快就无法支撑。没办法，胡彬只得写信向谢石求援，希望谢石

能安排些粮草来接济一下他们的水军。

　　这封信当然没有送到谢石手上，而是被苻坚的人给截获了。苻坚看到这封信，非常高兴，认为东晋这些人战斗力简直不值一提，根本就不能和前秦的军队相提并论。

　　原本苻坚这人就比较自负，在轻而易举就取得了这些胜利之后，就更加不可一世了，完全没把东晋这个对手放在眼里。他甚至觉得，只要自己派人去劝降，就能把东晋这些人吓得束手就擒，乖乖臣服前秦。

　　那么，派谁去劝降好呢？苻坚最后派出的人选，是一个名叫朱序的人。朱序原本是东晋的将军，几年前兵败被俘，这才投降了前秦。为什么派朱序呢？苻坚的想法很简单，朱序本就是东晋将领，他在东晋军中肯定有不少熟人，有交情肯定比较好说话，派他去劝降简直再好不过了。

　　然而，苻坚不知道的是，朱序虽然投降，对前秦并没有多少忠心，甚至可以说一直是身在曹营心在汉的。因此，他到东晋军营，见到领兵的谢石和谢玄之后，不仅没有按照苻坚的要求劝说他们投降，反而还帮助他们出谋划策，把前秦军队的情况抖落个一干二净。

　　朱序告诉谢石和谢玄，苻坚的大军此时还没有全部赶到前线，这个时候发动进攻还能有取胜的希望，如果错过了这个机会，等大军集结完毕，东晋这边的战斗力绝对是比不过前秦那边的。

　　前秦军强悍，这是众所周知的事情，原本谢石一开始打算和苻坚打持久战，等对方的力量慢慢消耗之后，再找机会发动反攻。但听了朱序的话后，他便决定调整作战方针，抓住眼下的机会对苻坚发起进攻。

　　很快，谢石和谢玄便率领大军来到淝水东岸，和前秦军队隔河对峙。谢玄还叫人给苻坚送了一封信，信中写道："我敬你是英雄好汉，本想与你痛痛快快地战上一场，一决胜负。可是，如今你们的军阵直接就摆在淝水岸边，我们过不去，你们也不敢过来，这意思难道是要打持久战吗？那也太不痛快了。不如这样，你们往后撤一点儿，让我们过去，等我们的军队到对岸了，咱们再摆开阵势，决一死战，这样岂不更痛快？"

收到信之后，苻坚手下的将领都认为，绝对不能答应晋军的要求，凭什么要退让给他们渡河的机会呢？可苻坚觉得这个办法可行。苻坚对众人说道："咱们先同意晋军的要求，往后撤一点儿，让他们渡河，等他们渡到一半的时候，就可以直接让骑兵冲杀过去。这样一来，晋军必定毫无准备，阵形大乱，咱们轻轻松松就能取得胜利了。"

苻坚的计划本来是没有什么问题的，但他没想到的是，自己军中会潜伏着朱序这么一个敌军的"内应"。于是，他下令让军队后撤的时候，后方将士并不清楚到底发生了什么事情。而就在这个时候，朱序安排的人又趁乱在人群中高喊："我们被晋军打败啦！我们被晋军打败啦！"

就这样，后方部队看到前方部队后撤，以为真打了败仗，拼了命地向后逃，前方部队本来在有序后撤，一看后面的人撒丫子就跑，也不知道什么情况，跟着就跑，整个军队都乱作一团。

看到时机已经成熟，谢石和谢玄一声令下，率领着八千多骑兵迅速渡过淝水，趁机向前秦军队发起了猛烈进攻。就这样，在双方力量悬殊的情况下，晋军抓住了前秦退兵时的漏洞，顺手牵羊地乘势发起进攻，取得了一场以弱胜强的胜利。

攻战计

第十三计
打草惊蛇

发现可疑的情况一定要调查，调查清楚才能开始行动。反复调查研究和考察分析，是发现对方阴谋的重要的手段。

∽ 商臣太子发现了什么秘密 ∽

春秋时期，楚国国君楚成王熊恽想要立儿子商臣为太子，并且把这个想法告诉了当时的令尹子上。子上听完之后，不太赞同，劝楚成王说："大王您现在还年轻，没必要那么早就急着册立太子。况且您妻妾成群，还会有很多孩子。而我们楚国呢，按照传统来说，向来立太子都是立的年轻人。如果你现在早早就把太子立了，那万一以后改变想法，不是给国家添乱，破坏政局稳定吗？再说了，即便您现在要立太子，这王子商臣相貌凶狠，性格又残忍，也着实不适合做太子啊！"

但当时，楚成王正宠爱商臣，根本听不进子上的劝告，最后还是一意孤行地把商臣给册封为太子了。

后来，楚成王年纪大了，果然就对曾经的决定感到后悔，想要重新改立太子。但此时，商臣已经做了很长时间的太子，身边也早就收拢了属于自己的势力，想要让他让贤，可不是件容易的事。

就在这个时候，楚成王外嫁的胞妹芈氏回国归宁，居住在王宫，楚成王便将自己的烦恼向芈氏倾诉了一番。芈氏听完之后，说道："这废立太子可是大事，不能轻举妄动，必须先寻个错处，找个借口，才能光明正大地把商臣废了，这样你属意的继承人才能顺理成章地接替他的位置。"

楚成王一听，觉得芈氏说得很有道理，便决定隐忍不发，先盯着商臣找找碴儿。结果，这段谈话不知怎么就传到了商臣耳中。

其实，早在之前，商臣就已经隐约感觉到了楚成王对他的疏离，如今再听到这样的传闻，不免就有些着急。于是，商臣找到了师傅潘崇，询问他这事究竟该怎么处理。潘崇想了想，说道："我有个办法，可以先证实一下这个传言的真假。大王的胞妹芈氏是个性情急躁的人，一发火就会不管不顾地乱说话。太子你不妨为她设宴，然后想法子激怒她，一旦她发怒了，就容易无所顾忌地说话，这样一来，言语之中必然会透露出一些信息。"

很快，商臣就依照师傅的建议，摆下丰盛的宴席来招待芈氏。等芈氏受邀前来，商臣一开始表现得十分恭敬，早早就出来相迎，还安排芈氏坐在堂上的尊位，甚至亲自献酒给芈氏。

等酒过三巡，芈氏喝得微醉，脑子也不太清醒的时候，商臣故意显露出怠慢的意思，也不亲自给芈氏倒酒夹菜了，全都让下人去做。后来，他甚至还当着芈氏的面，和别人窃窃私语，芈氏喊了他好几次，他都装作没听到，只顾自己寻欢作乐，完全把芈氏给抛到了脑后。

商臣前恭后倨的态度果然激怒了芈氏，加上酒精的作用，芈氏顿时就拍案而起，指着商臣痛骂道："你这般无理的家伙，怎么配做太子？"

听到这话，商臣依旧一副漫不经心的样子，说道："可我偏偏就是太子，你能怎么样呢？"

芈氏更气了，脱口而出道："你这不肖子，竟敢口出狂言，怪不得不如王子职讨大王喜欢，连大王都想废了你的太子之位！"

听到这话，商臣心里顿时咯噔一下，随即又假装什么都不在意，依旧摆出一副鼻孔朝天的傲慢样子，把芈氏气得拂袖而去。

回到王宫之后，芈氏越想越生气，径直去找了楚成王，怒气冲冲地对他说道："商臣这人，太粗鲁无理了，根本不配做太子，就该立马把他废掉！我看商臣这人，性子实在凶恶，拖得久了怕会出事情。"

原本楚成王就想废了商臣，听了芈氏的话后便点头应和："王妹你说得对，商臣无理粗鲁，这就是废掉他最好的理由。明天早朝我就当众宣布，废了他的太子之位！"

听到这话，芈氏心气总算顺了，高高兴兴地回去了。

商臣这边呢，在从芈氏那里探得口风，确认传言真假之后，就立刻去见了潘崇。师徒俩经过一番商议，连夜发动政变，直接把楚成王给杀掉了，楚成王所属意的继承人王子职当然也未能幸免。芈氏得知此事后，知道是自己闯了大祸，心中愧疚悲愤，也自缢而死。

诸葛亮打"草"惊曹操

在定军山一役中，黄忠设计斩杀了曹操的爱将夏侯渊。收到消息后，曹操非常愤怒，当即就决定，要亲自赶到汉水前线，率领大军和蜀军决战，为死去的夏侯渊复仇。而面对来势汹汹的曹军，蜀军只得暂避其锋芒，退守到了汉水西岸，和曹军隔水相持。

据说当时，刘备率领的汉军只有十万，而曹操率领的曹军则有四十万之多，相差悬殊。面对这样的情况，诸葛亮丝毫没有慌乱，依然和从前一样镇定。他经过多番观察，发现汉水上游一带有不少起伏的大山，十分适合用来设伏兵。于是，诸葛亮便下令拨了五百名士兵给赵云，让他们随身带上鼓角，埋伏到这一带的山上。

有意思的是，诸葛亮让他们埋伏在这里，并不是为了伏击敌人，而是交给了他们一项非常奇怪的任务——无论什么时候，只要听到军营中的炮响一次，就要开始擂鼓呐喊，吹响携带的鼓角，把声势弄得越大越好，但并不需要出战。至于诸葛亮呢，每次他们这么干的时候，他就悄然立在高山上观察敌人的情况。

第二天，曹军和从前一样，一早就来叫阵。蜀军也和从前一样，既不应战，也不射箭，权当啥也没听到。叫喊了一阵，曹军也只好和往常一样百无聊赖地回去了。

本以为这又是和往常一样的一天，没有什么差别。但没想到，夜深的时候，赵云接收到了诸葛亮事先和他约定好的"信号"，便按照之前诸葛亮所吩咐的，让五百士兵吹响鼓角，敲响战鼓，摇旗呐喊。

听到这阵喧嚣声，许多从睡梦中惊醒的曹军都惊慌不已，以为是蜀军趁着夜深打过来了，急急忙忙地披上铠甲，拿起武器，冲出军营去迎敌。结果，这出去一看，根本就连半个人影都没有，震天响的鼓角声和呐喊声也仿佛突然就消失了一般。可没想到，众将士才刚折返回去歇息下，这锣鼓声，号角声和呐喊声又响了起来……这样的情况反反复复上演了好几次，把曹军折腾得彻夜都不得安宁。

很显然，这一切都是诸葛亮的算计，他故意让人闹出这么大的声响，就是为了消耗曹军的精力，让他们时时刻刻都处在神经紧绷的状态，吃不好，也睡不好。而事实上，一连三夜，同样的情况都在反复上演，闹得曹军苦不堪言。

曹操手下有谋士对他说："主公，这些其实都是诸葛亮的疑兵计，我们不用理睬他。"

但曹操回答道："我又怎会不知道这是孔明的诡计呢？但如果我们放松警惕，万一在数次假中混入一次真，而我军对此却毫无防备，那岂不是要吃大亏？"

曹操的担忧固然有些道理，但一直这么紧绷着，日子久了，将士们显然也受不了。于是，曹操便只得下令，让大家后退三十余里，另外找地方去安营扎寨。惹不起，总能躲得起吧？

诸葛亮一直暗中观察情况，自然第一时间就发现曹军被吓得后撤了，赶紧抓住时机让蜀军渡过汉水，并直接在汉水边上背水扎营。

任何一个懂兵法的人都知道，背水扎营乃是兵家大忌，相当于直接把自己置于险地，是非常危险的事情。曹操这人生性就比较多疑，又数次在诸葛亮手上吃过亏，不管诸葛亮干什么事，有什么风吹草动，曹操都得琢磨半天。

这不，眼见蜀军居然背水扎营，曹操又琢磨上了：这诸葛亮是不是又有什么新的诡计？他是不是又要使什么坏？是不是已经设好什么陷阱准备坑人了？

越是琢磨，曹操心里就越是感觉惊慌，毕竟在他看来，诸葛亮这个人是非常谨慎的，如果不是胜券在握，那他绝对不会下这步险棋。

殊不知，诸葛亮确实胜券在握，但并非设下了什么陷阱，而是因为他太了解曹操的为人，也太了解曹操的想法了。这种多疑的人，你

越是做出非常规的行为，越是让他看不透，他就越是容易想得多，靠脑补都能把自己给逼死。

为了刺探蜀军的虚实，曹操干脆直接给刘备下了战书。可没想到，这两军才刚一交战，蜀军就立马后撤了，直接朝着汉水跑去，什么铠甲、马匹，全都弃之不顾。曹操一看，立马鸣金收兵。

手下人觉得很奇怪，问曹操说："主公，咱们都把他们给打跑了，为什么不乘胜追击呢？"

曹操说道："从一开始他们背水扎营我就觉得有诈，现在，还没打呢，他们就开始撤退，还故意摆出一副慌忙逃命，丢盔弃甲的样子，这说明什么？说明这是孔明的诡计啊，他肯定有埋伏！我们得赶紧走，以防上当！"

结果，曹操这边一开始退，诸葛亮立马发号施令，刚退走的蜀军又冲杀回来了，把曹军杀得大溃而逃。

第十四计
借尸还魂

妙计破译

那些自身就能有所作为的人，通常都很难驾驭和控制；而那些自身不能有所作为的人，则需要依赖别人才能得到生存与发展。要学会把那些自身不能有所作为的人，拿过来加以控制和利用，这就是《蒙卦》所说的：不是我向愚昧无知的人求助，而是愚昧无知的人向我求助。

❧ 诸葛亮和司马懿的最后对决 ❧

三国时期，卧龙先生诸葛亮的大名简直可以说是无人不知，无人不晓，与鼎鼎大名的司马懿更是老对手了。

公元 234 年春天，为了完成统一天下的大业，诸葛亮再一次发兵征讨魏国。这时候，诸葛亮的身体已经不如从前那般康健了，他似乎已经有了预感，这很可能将会是他人生最后一次远征，能否实现抱负也就看这最后一回了。因此，为了增加获胜的筹码，诸葛亮特意派遣了使者前往东吴，想要说服孙权和他一起发兵攻打魏国，南北策应，形成合围之势。

经过数月行军，诸葛亮大军抵达眉县，就在渭水南岸的五丈原扎营。正好此时，司马懿大军也抵达了渭水，同样在附近找了个合适的地方安营扎寨，与诸葛亮大军形成对峙之势。

诸葛亮大军毕竟远道而来，能够携带的粮草十分有限。司马懿深知这一点，决定用打持久战的策略，把诸葛亮大军拖垮。毕竟和诸葛亮正面交锋，司马懿并不认为自己有很大胜算，但是坚守不战，那诸葛亮就拿他没办法了。

对于己方存在的弱点，诸葛亮自然不会不清楚。他知道，蜀军的粮草确实坚持不了几天，持久战肯定是不能打的，他们消耗不起。想要取得一线胜利的机会，就必须和魏军速战速决。可问题是，两军已

经对峙一百多天了，司马懿就是闭营不出，不管诸葛亮这边怎么叫阵，他都不为所动，这让诸葛亮也有些无可奈何了。

为了逼迫魏军应战，诸葛亮思前想后，叫人找来一套妇女的服饰送给了司马懿。当时，人们的思想是比较重男轻女的，你指着一个男人说他像"妇人"，对当时的人来说，就是一种非常严重的羞辱。

刚收到妇人服饰的时候，司马懿确实非常愤怒，但他也清楚，这就是诸葛亮的激将法，因此很快就调适好了心情，充分发挥了他善于隐忍的特点，依旧不为所动，并再一次严令军队，一定要坚守阵地，无论如何都不准应战。

见司马懿依然没有任何反应，诸葛亮又亲自给他写了一封信，派人送去。可经历了妇女服饰事件之后，司马懿整个人已经淡定了，又怎么还会在乎区区一封信呢？但从诸葛亮迫切的态度中，他似乎也察觉到了什么，便向送信的使者打听了一下诸葛亮的近况。

司马懿问的都不是什么机密要事，无非是诸葛亮最近身体怎么样，吃饭能吃多少之类的问题，使者都老老实实地回答了。等使者离开后，司马懿对身边的将士说道："诸葛亮现在啊，估计支撑不了太久了。军务这么繁重，他还吃得这么少，身体怎么会吃得消呢？"

事实也确实如司马懿所说，没过几天，诸葛亮就因为过度劳累病倒了。诸葛亮很清楚，自己的身体恐怕已经到了油尽灯枯的时候，一旦司马懿知道这个消息，必定会出兵来攻打蜀军。为了让蜀军能够避开司马懿，安全撤回去，他必须做好一系列安排。

不久，诸葛亮在五丈原病逝了。姜维等人按照诸葛亮临死前的交代，做了一些布置，然后把他的尸体用布裹起来，放到了车里，下令让军队开始分批撤回汉中。

接到诸葛亮去世的消息后，司马懿果然如之前诸葛亮所猜测的，立即就打算出兵去攻打蜀军。结果，刚杀到五丈原，他就听到蜀军那边突然响起震天的战鼓，无数旗帜也在风中猎猎作响，就仿佛已经静待魏军多时一般。

司马懿的冷汗一瞬间就下来了，心想："莫不是又中了诸葛亮的计？"他赶紧命令将士停了下来，不敢再继续向前。正在司马懿犹豫不决，观察周围情况的时候，忽然看到不远处的树丛中冒出一队蜀军，还推出来了一辆小车，车上坐着一个人，羽扇纶巾。瞧这打扮，不是诸葛亮又是谁？

司马懿这才确定，自己绝对中计了，诸葛亮根本没有死，这是在骗他出营呢！于是，他立即下令撤军，匆匆忙忙退回了自己的阵地。

事实上，车上的人并不是诸葛亮，不过是一尊诸葛亮的雕像罢了！

他巧妙地利用了司马懿多疑谨慎，以及距离过远看不清楚的环境优势，用一尊雕像"借尸还魂"，把司马懿吓跑，为蜀军赢得了安全撤军的时间。

陈胜是怎么当上国王的

在历史上，常常可以看到，很多起义军在发动起义时，都会找出一个所谓的前朝皇族后代来作为领导者，然后打出光复前朝的名义。这其实并非因为他们真的有多忠心于前朝，而是因为这样做可以让自己的起义变得师出有名，让自己的行为合乎道德规范，同时也是考虑到老百姓尊奉"正统"的思想认知。

当初，陈胜、吴广反对秦朝暴政而发起的起义实际上也是如此。只不过他们为自己寻找的"靠山"，一个是已经死于秦二世之手的公子扶苏，另一个则是在秦灭六国之后就不知去向的大将项燕。

公元前209年秋天，秦朝廷征发闾左贫民到渔阳戍边。按照当时秦朝的法律规定，这些贫民到达渔阳是有时间限制的，如果不能按时到达，这些贫民就会被全部处斩，作为对他们迟到的惩罚。

当时，陈胜和吴广就在这批被征发去戍边的贫民当中。他们运气非常差，才刚走到大泽乡一带，就碰上下大雨，而且大雨一下就是接连好几天，连路都被淹了。这样的情况显然是没法赶路的，他们只得暂时停留在大泽乡。眼看一天天过去，他们已经无法按时抵达渔阳了。

面对这样的状况，陈胜和吴广不禁想道："既然都是死，与其乖乖去渔阳领死，为什么不为自己拼一拼，寻求一条活路呢？"

事实上，在当时的贫民队伍中，有这种想法的不止陈胜和吴广两个人，毕竟如果有活的机会，谁又会愿意赴必死的局？但有想法的人多，敢于付诸实践，或者有能力付诸实践的人很少。

陈胜和吴广就属于其中那种既敢想，又敢付诸实践的人。但陈胜也很清楚，自己出身贫苦，地位低下，就这么站出来，恐怕也是号召力不足。更何况，他的野心不止于此，他所想的，不仅是逃过这次处罚，而是真正干出一番事业。

虽然有这样的短板，但陈胜非常聪明，他想道："既然自己号召力不足，那么是不是可以借用别人的号召力呢？"

当时，有两位非常有名的人，一直深受百姓爱戴。一位是秦始皇

的大儿子公子扶苏。扶苏为人温良贤明，还是秦始皇的长子，无论品性还是身份，无疑都是最合适的继承人。但可惜，扶苏已经被阴险狠毒的秦二世暗中害死。另一位是楚将项燕。项燕功勋卓著，在军队和百姓心中都有着很高的威望，但在秦灭六国之后，就不知去向了。

这两位，一位已经死去，一位不知所终，但又偏偏都有着很高的威望和很强的号召力，简直完美契合陈胜的需求。于是，陈胜便公开打出了公子扶苏和大将项燕的旗号，以此来笼络人心。

为了能够真正得到众人的拥护，陈胜还利用当时人比较迷信的心理，让吴广在暗中安排了几件事。

他先让吴广偷偷在鱼腹中藏了一块丝帛，并在丝帛上写了三个字："陈胜王"。士兵们发现丝帛后都感到十分震惊，这件事很快就流传开了。

等到了晚上，陈胜又让吴广趁着夜深人静悄悄跑到附近的破庙里学狐狸叫，一边叫一边含糊不清地念叨"大楚兴，陈胜王"的口号。这样一来，大家越发相信陈胜这人不一般了。

靠着这样的方式，陈胜一方面借公子扶苏和大将项燕的威望弥补了自己出身的短板，另一方面又利用人们迷信的心理为自己的身份增添了几分神秘色彩，顺利收拢了民心。眼看时机成熟，陈胜和吴广振臂一呼，揭竿而起，率领着贫民杀死了朝廷派来征召他们的将尉，正式发动了起义。

之后，陈胜自封为将军，吴广为都尉，两人率领众人先攻占了大泽乡，随后又一路打一路壮大队伍，取得了节节胜利。后来，在众部下的共同拥立下，陈胜果然如此前他们所策划出的"预言"一般，自立称王，国号"张楚"，实现了鸿鹄之志。

第十五计
调虎离山

妙计破译

遇到强敌时，要能善用谋略，用假象迷惑敌人，让对方离开原本的地方，丧失自身的优势，再出其不意地取得胜利。

～ 孙策智攻卢江 ～

东汉末年，董卓擅权，挟天子以令诸侯，雄霸一方。各地诸侯自然不甘心受董卓驱使，都想在这乱世中争权夺利，扩大地盘，成为号令天下的那一个。江东的孙坚就是在各路军阀混战争权的过程中死去的。

孙坚死的时候，他的长子孙策刚刚满十七岁。虽然此时的孙策只是个十七岁的少年，但他非常聪慧，本事也很大，小小年纪就已经继承父亲遗志，在江东发展起了自己的势力。公元 199 年，为了进一步扩大势力，孙策必须向北推进，而江北卢江郡的地盘就是他的目标。卢江郡背靠长江，北临淮水，从地理位置来说，有着易守难攻的优势。

当时，掌控卢江郡的军阀是刘勋。刘勋势力强大，野心勃勃，并不是个好对付的角色。以孙策当时的实力来看，如果和刘勋直接对上，显然胜算并不大。想要顺利拿下庐江郡，就必须制订周密的计划，想办法把刘勋调离庐江郡，以巧取而非硬夺的方式达成目的。

可是，怎么才能让刘勋离开庐江郡呢？孙策知道，刘勋这个人有个弱点，那就是自大又贪财，要想让他离开，就得给他一个足够让人动心的诱饵。

孙策先让人准备了一份厚礼，然后亲自写了一封信，派人一块送给刘勋。在信中，孙策对刘勋大肆吹捧，写满了溢美之词，夸刘勋前无古人，后无来者，又表达了自己对刘勋的敬仰之情，表示十分想要和刘勋交好。

此外，孙策还在信中提到，上缭经常派兵侵扰江东，可惜他兵力弱，没有足够的力量发起远征。希望刘勋能够帮帮忙，去降服上缭。

在信中，孙策把自己的地位摆得很低，又对刘勋极尽吹捧。刘勋这人本就狂妄自大，见孙策对他这般讨好，更是沾沾自喜，得意扬扬，对孙策更是又看轻了几分。更重要的是，上缭一带十分富庶，若是真能拿下，对自己必定有百利而无一害。更何况，刘勋对北地也早已虎视眈眈，只一直摸不准孙策的实力，如今一看，孙策居然这般软弱，看来，等拿下上缭之后，北地方面也可以早做打算了。于是，刘勋便高高兴兴地答应了孙策的"请求"，决定发兵去攻打上缭。

刘勋手下有个部将名叫刘晔，是个十分有远见的人。从刘勋收到孙策的信开始，刘晔就一直不相信孙策，一直反对刘勋去攻打上缭。但刘勋这人，自大又贪财，怎么可能听从刘晔的劝阻呢？不管刘晔怎么说，他还是一意孤行地率兵往上缭去了。

孙策一直都盯着刘勋，发现他真的率兵离开上缭之后，心里非常高兴，对手下人说道："现在，老虎已经被我调离了，正是我们去占领他老窝的好时候！"

一开始，孙策的目标就是庐江郡，也早早就集结好了兵马，就等着

刘勋和他的主力部队被骗走。如今，刘勋一走，孙策赶紧抓住时机，率领兵马水陆并进，攻向庐江郡。刘勋为了一举拿下上缭，将自己的主力部队都带走了，此刻的庐江郡可以说是一座空城，孙策大军几乎没有花费什么力气，就轻轻松松地占领了庐江郡。

而刘勋呢，虽然带了不少兵马，但上缭同样也是不容小觑的，久攻之下始终没有取得任何进展。等他打算回城的时候，才收到急报，得知庐江郡早已落入孙策之手。直到这个时候，刘勋才终于明白过来，自己中计了！可如今，一切都已经来不及了，刘勋只得如同丧家之犬一般离开，最终投到曹操麾下。

就这样，孙策用一招调虎离山，就轻松拿下了固若金汤的庐江郡。

敌人到底在哪边

班超是东汉时期非常有名的一位将领，带领着东汉部队打赢过无数大大小小的战争。在他的诸多战绩中，与莎车国和龟兹国的一场大战，可以说是他以小博大、以少胜多的最具代表性的战役之一。

当时，汉朝为了团结周边其他小国一起对抗匈奴，正谋划要打通南北道路，班超就是这件事的主要负责人之一。

在实行这个计划的过程中，汉朝遇到了来自大漠西部的莎车国的阻碍。莎车国不仅不愿意配合汉朝的行动，反而一直在煽动其他周边小国，试图阻碍这一计划。对此，班超非常生气。为了确保实施计划的顺利实施，他决定要先拿莎车国开刀，除去这个眼中钉。

得知了班超的打算之后，莎车国王非常害怕，虽然他一直在给汉朝找麻烦，但根本不敢与汉朝军队正面交锋。思前想后，莎车国王决定向龟兹国寻求帮助。龟兹国王对汉军也没多少好感，立刻接受了莎车国的求援。龟兹国王甚至御驾亲征，亲自率领五万兵马来支援莎车国。

有了龟兹国的兵马，莎车国就更有底气了，毕竟当时班超所率领的汉朝和其他小国的联军，人数还不足龟兹国的一半，在这样力量悬殊的对比之下，胜负几乎毫无悬念。

虽然形势对己方非常不利，但班超并没有气馁，智计百出的他很快就想到了一些对策。

首先，班超派了一些人在军中偷偷散播对自己不利的谣言。然后，他又将军队分为两部分，主力大军向东撤退，自己则率领汉军往西撤退。最后，班超故意露出破绽，让莎车国的俘虏"不小心"听到他们因为害怕龟兹国而准备撤退的消息，并特意留下许多匆忙撤退的迹象。

所有事情都安排好之后，班超找了个机会，让莎车国的俘虏得以逃脱。俘虏逃到龟兹国的阵营后，立即把自己听到的消息告诉了龟兹国王。原本战斗力碾压就让龟兹国王有绝对自信，这时听到俘虏带来的消息后，龟兹国王更加认为班超是因为惧怕自己才匆忙逃跑的。于是，龟兹国王当即下令，让大军兵分两路去追击班超。而班超其实早就在夜色的掩盖之下，撤退了几里路，找地方隐藏了起来。

一开始，龟兹国王就

认定班超是因惧怕而撤退的，他怎么也想不到，班超的军队根本就没离开多远，反而铆足了劲儿往东西两个方向追，结果急匆匆地与班超的大军擦肩而过。

眼看龟兹国大军飞驰而去，班超立即把部队召集起来，迅速掉转马头杀向莎车国。莎车国本就没有实力和大军对抗，关键时刻自己的"伙伴"又不知道跑去了哪里，最终只得投降了。

至于龟兹国王呢，追了整整一夜，都没看到半点班超队伍的踪影。还没等他反应过来，他就听说莎车国已经投降了。向自己求援的国家都投降了，还能怎么办呢？最终，龟兹国王只得悻悻地带着大军又返回龟兹了。

就这样，班超靠着一招声东击西，佯装撤退，成功在敌众我寡的情况下，分化了对手的实力，最终以少胜多取得了最后胜利，同时也成功威慑到了其他蠢蠢欲动的小国，简直堪称一场战争奇迹。

第十六计
欲擒故纵

妙计破译

对付敌人时，如果将对方逼迫得无路可走，就会使对方拼命反扑。如果让敌人拥有逃跑的可能，反而可以消耗他们的气势和斗志。对付敌人时，要紧紧盯住对方，但不要施加压力，过分逼迫，等对方的体力和士气消耗得差不多了，再出手追捕。这样用兵才能避免不必要的流血牺牲。

❧ 郑武公是怎么打败胡国的 ❧

春秋时期，郑国国君郑武公是个非常有抱负和野心的人，不仅率领郑国军队击退了入侵的西戎兵，还智计百出，用最少的兵力相继吞并相邻的小国，使郑国不断扩张，国力不断增强。

郑武公的野心很早之前就已经昭然若揭。公元前767年，他跟随周平王一起去虢国巡视军务的时候，就趁机在虢国埋下了"钉子"。依靠这些"钉子"，郑武公轻易就活捉了虢国国君，成功吞并虢国。之后，郑武公又将盘踞在中原一带的诸多小国相继吞并，开始了扩张地盘的计划。

将周围的小国吞并之后，比较强大的胡国就成为郑武公的下一个目标。一开始，他本来想故技重施，把用来对付虢国的招数再一次拿来对付胡国。然而，有了前车之鉴，大家都知道，郑武公这人阴险狡诈，胡国国君自然也有所提防，始终没有让郑武公找到机会。

对这样的结果，郑武公自然很不甘心，开始没日没夜地想究竟怎样才能把胡国给灭了。有一天，就在郑武公为灭胡国的事情唉声叹气时，他突然看到自己十六岁的女儿郑姬。郑姬已经出落成一个美人儿，花容月貌，亭亭玉立，相信这天底下任何一个男子得到她，都会心生欢喜。

看着郑姬，郑武公脑海中想到的却是胡国国君。胡国国君此时正是二十出头的年纪，英姿飒爽，和自己的女儿正好相配。想到这里，郑武公心里顿时有了计谋。

几天之后，郑武公就派遣使者前往胡国，向胡国国君提亲，表示愿意把自己最疼爱的女儿许配给胡国国君，以示对胡国友好。

对郑武公的提议，胡国国君自然不会拒绝，毕竟迎娶郑姬直接关乎到两国的邦交，更何况，郑姬年轻漂亮，身份尊贵，与胡国国君也十分相配。就这样，这门亲事非常顺利就敲定了，并且选定了迎亲的良辰吉日。

一开始，为了表示对郑姬看重，胡国国君原本打算亲自带兵去郑国迎亲的，但遭到了众臣极力反对。一些老臣劝阻道："这郑武公狡诈非常，大王你要是亲自去了，遇到危险可怎么办？你可不能去冒这个风险啊！"

胡国国君本身也信不过郑武公，被老臣们这么一劝阻，就打消了亲自迎亲的念头，让人传信给郑国国君，提出还是由郑国把郑姬送来比较好。

事实上，郑武公也确实想借这次迎亲的机会暗杀胡国国君，可没想到，对方居然不上当。无奈之下，郑武公只得咬咬牙同意了，在选定的良辰吉日亲自送女儿去成亲。临别之际，因为舍不得女儿，郑武公还难过得泪流满面，全然一副疼爱女儿的老父亲形象，就连郑姬都觉得感动不已。

郑姬出嫁第二天，郑武公就召集群臣，和大家商量道："咱们郑国现在地少人多，想要得到进一步发展，就得扩大地盘。大家觉得，咱们要扩大地盘的话，去攻打哪些国家比较合适呢？"

这时，一个名叫关其思的老臣站了出来，说道："我认为，攻打胡国最合适。从地理位置方面来说，胡国与我们距离比较近。况且，公主刚刚嫁过去，胡国对我们必然没有防备，只要趁着这个机会发起偷袭，肯定能成功！"

听到这话，郑武公先是沉默了一会儿，不知想了些什么，而后突然拍案而起，指着关其思大骂："胡国与我们是兄弟国，我最疼爱的女儿都嫁去了胡国，你却说出这样的话，到底是何居心？"

痛骂完之后，郑武公直接下令，让人把关其思拖下去砍了，并将他的人头连夜送往胡国。

胡国国君得知这件事后非常吃惊，对郑武公的怀疑也打消了不少，尤其在向探子求证了事情的真实性之后，基本上已经完全放下了对郑国的防备，开开心心地和郑姬拜了堂。

可谁能想到，郑武公所做的这一切，还真就是他吞并胡国计划的一环。这胡国国君和郑姬的婚礼才刚结束，全国上下都还沉浸在一片喜悦之中，郑武公就带着军队杀过来了。一直到郑国军队杀进城内，胡国国君才从睡梦中惊醒。反应过来自己中计之后，胡国国君一怒之下杀死了自己的新婚妻子，但他冲出王宫时被乱箭射杀。

就这样，靠着欲擒故纵的计谋，郑武公牺牲了无辜的女儿郑姬，和忠心耿耿的大臣关其思，在胡国国君毫无防备的情况下，轻而易举地拿下胡国，实现了自己的野心。

诸葛亮七擒孟获

公元 225 年，南中地区的首领，南王孟获起兵反叛蜀国。孟获是个非常厉害的人，不仅力大无穷，有着极高的武力值，还擅长谋略，在行军打仗方面非常厉害。

收到孟获起兵反叛的消息之后，诸葛亮便决定亲自点兵南征。出征之前，参军马谡和诸葛亮详谈了一番，两人都认为，这一次前去对付孟获，应该以攻心为上，而不是只简单地从武力方面去打败他。毕竟孟获这人确实是个人才，在南中地区也十分有威信。如果能够将他收服，对于蜀国来说，必然会是一大助力。

孟获厉害，诸葛亮也不遑多让。第一次两军对阵时，智计百出的诸葛亮就把孟获给拿下了。虽然被俘虏，但孟获满脸不服气，见到诸葛亮也没个好脸色。诸葛亮也不生气，反而命令士兵给孟获松绑，并问孟获："你服气吗？"

　　孟获冷笑一声，答道："这次是我大意，才会不小心中你的计谋。你要是敢放我回去，咱们重新较量一次，我必然不会再中计！"

　　结果，诸葛亮居然还真的把孟获给放了，甚至还让士兵贴心地帮孟获准备好了回去路上所需要的马匹、食物和水。

　　当然，除了这些，放走孟获之后，诸葛亮还让人放出了消息，说孟获认为此次南中战事失利，甚至导致他被擒获，责任都在他的副将身上。

　　很快，诸葛亮和孟获的第二次对决就开始了。这一次，诸葛亮让马岱趁夜强渡泸水，把孟获军的粮道直接切断。这一回，甚至不用诸葛亮出马，孟获的副将就直接把他捆了，送到蜀军军营。

　　诸葛亮淡然地看着孟获，笑道："真没想到，我们会这么快就再

次相见。如今，你服气了吗？"

孟获依然一脸不服输的样子，冷笑道："当然不服！这回又不是蜀军抓的我，全赖我的手下犯上作乱，我才会没有防备被你们抓到！"

听了这话，诸葛亮也不生气，还带着孟获参观了一下蜀军的军营，然后和上次一样，又把他给放走了。

孟获回去之后，第一件事就是把背叛他的副将杀死，然后找来弟弟孟优一起商量，要如何对抗诸葛亮。孟优提议说："要不这样，咱们先诈降，然后趁着夜深人静的时候发起突袭，必定能让蜀军元气大伤。"孟获同意了，并很快就写了一封投降书，带着投降书和弟弟一起来见诸葛亮。

当时，诸葛亮其实早就看出了孟获的问题，但他并没有说什么，而是将计就计，高高兴兴地接受了孟获献上的投降书，还给孟获的士兵赏赐了大量美酒。因为害怕计划泄露，孟获当时并未把所有计划都告知他的将士。在得到赏赐之后，大家都非常高兴，直接喝了个酩酊大醉。等到晚上要劫营的时候，孟获才发现，自己能带的人根本没几个，又一次落入了诸葛亮的圈套，被蜀军再次擒获。

还是和之前一样，诸葛亮见到孟获，便问他："你可服气？"孟获依旧不服，嘴硬道："要不是他们喝酒误事，我又怎会沦落到这个地步？我自然不服。"于是，诸葛亮就又一次把他放了。

回去之后，孟获越想越不甘心，怎么都不肯相信，自己居然真的不如诸葛亮。于是，他便向其他部落又借来十万精兵，打算先从数量上压倒蜀军。可没想到，诸葛亮实在太厉害了，不仅没有被这突然多出的十万精兵打乱阵脚，还第四次把孟获又给擒住了。

诸葛亮又一次问了孟获那个老问题："这回你服气吗？"

孟获还是摇头，并十分嘴硬地说道："要不是我疏忽大意，中了你的诡计，又怎么可能会被抓？"

　　诸葛亮还是没说什么，依然吩咐人把孟获给放了。

　　这回孟获再不敢小看诸葛亮，一回去就直接带着军队躲进了秃龙洞，反正只要自己不出去，诸葛亮就拿他没办法！

　　要进入秃龙洞确实不是件容易的事，必须想办法避过危险的毒泉恶瘴。诸葛亮亲自走访当地的老人，打探了很久才找到能够解毒和避瘴气的植物，自然顺利进入秃龙洞，再次把孟获给抓了。

　　这已经是第五次，可孟获依然还是不想认输。他想了想，对诸葛亮说道："我们这里有三江之险，重关之固，要是你连那里都可以攻破，再把我抓住，那我就带领族人臣服蜀国。"

　　诸葛亮自然点头答应，再一次放走了孟获。

　　孟获所说的"三江之险，重关之固"，指的就是他们世代居住的银坑山，那里易守难攻，地势十分险要。即使如此，这些困难依旧没有挡住诸葛亮，眼见自己恐怕又要再输一次，孟获耍了个心机，让妻子和弟弟绑着他，假意向诸葛亮投降，实则想趁机挟持诸葛亮。结果，诸葛亮一眼就看穿了他的计谋，轻轻松松把他拿下。这回，诸葛亮还没开口问，孟获就直接嚷嚷道："这回不算，这是我自投罗网！"

　　诸葛亮也不和他计较，又一次放走了他。

　　经过这六擒六放，孟获心里也很不是滋味儿，下定决心一定要把压箱底儿的宝贝都拿出来，为自己扳回一局。他借来三万刀枪不入、渡水不沉的藤甲兵，作为自己的秘密武器登场，可没想到，诸葛亮直接把这些藤甲兵引诱到提前准备好干柴、火药和地雷的盘蛇谷，一把火将这些藤甲兵都给烧了。孟获第七次落入诸葛亮手中。

　　这一次，不等孟获再开口说什么，诸葛亮就已经命人放了他，打算和他展开第八次较量。但这回，孟获真心服气了，率领族人臣服于蜀国。

第十七计
抛砖引玉

妙计破译

　　拿出某种类似的东西诱惑对方，趁机打击那些容易受到诱惑的愚蒙之人。

❧ 用柴火换城池 ❧

　　公元前700年，楚国发兵攻打绞国，楚军势如破竹，很快就兵临城下。论国力，绞国原本就比不上楚国，如今再看到楚军可怕的战斗力，绞国就更不敢应战了，思来想去，决定还是坚守城池，拒不应战。

　　楚军战斗力强，但绞城地势险要，易守难攻，光是天然的地理优势，对楚军来说就是难以逾越的障碍。楚军曾多次向绞城进攻，但最终都败下阵来，两军就这样相持了一个多月，一边不甘心放弃，一边又坚决不出战。

　　面对这样的状况，楚王非常生气，但又无可奈何。绞城毕竟占据了地理优势，如果只靠硬攻，即便能攻下，必然也会让楚军"伤筋动骨"，这就得不偿失了。因此，拿下绞城，只能智取，绝不可以力克。

　　那么，如何才能智取呢？正当楚王绞尽脑汁地思考这个问题时，楚国大夫屈瑕站了出来。他说道："绞城易守难攻，只可智取，不能力夺。既然绞城的将士不肯出来应战，不如我们放点儿'诱饵'，直接把他们给引出来。"

楚王忙问："这要怎么做呢？"

屈瑕说道："现在，绞城已经被我们围了一个多月，城中的柴草估计已经要用完了。趁此机会，我们可以派一些士兵去扮成樵夫，让他们上山打柴。到时候，缺少柴草的绞城士兵一定会出来抢夺樵夫打的柴。开始的时候，我们可以先给他们一点儿甜头。等他们放下戒备，麻痹大意，必定会为了获得更多的好处而调集大批士兵出城抢夺柴草，只要那个时候，我们提前设好伏兵，就能把他们一网打尽，趁机夺取城池了。"

听了屈瑕的话，楚王其实并没有多少信心，认为绞国轻易不会上当。但屈瑕胸有成竹地说道："大王您就放心吧，绞国人性格都比较轻率浮躁，想事情也比较简单，有机会占便宜的事情，肯定能把他们给引出来。"

于是，楚王便按照屈瑕的吩咐，安排了一些士兵每天都装扮成樵夫

的样子进山打柴。正如屈瑕所猜测的一般，绞城现在已经出现了柴草不够用的情况，当将士发现进山打柴的樵夫之后，果然派出探子打探消息。当发现这些樵夫身边没有楚军的踪迹后，绞城的士兵马上就出动了，把这些樵夫都抓了起来，抢走他们的柴草。一连几天下来，收获居然还不小。

见有利可图，绞城士兵果然就如屈瑕所说的那般，越来越肆无忌惮，而楚军这边则一直在观察绞城士兵的动向。

这天，绞城士兵向往常一样出城劫掠樵夫，但这一次，樵夫们看到这些绞城士兵时，并没有和从前一样吓得一动也不敢动，反而纷纷没命地奔逃起来。见往日里乖乖束手就擒的樵夫们竟然敢逃跑，士兵们非常生气，下意识就紧追其后。就这样，绞城的士兵被这些假樵夫一步步引入了楚军的埋伏圈。

等到这些士兵发现情况不对的时候，一切都已经来不及了，楚王一声令下，顿时伏兵四起，杀声震天。这些绞城的士兵哪里见过这种阵仗，吓得腿一软，慌忙败退。结果，还没退出几步，又遭到伏击，死伤无数。

趁此机会，楚王率领楚军开始攻城。眼见大势已去，最终，绞城的最高负责人绞侯投降。为了一些柴草，丢了一座城池，不得不说，楚军这招"抛砖引玉"还真是厉害得很哪！

❧ 先吃亏后得利的窦公 ❧

唐朝时期，京城里有一个特别会做生意的人，人们都称呼他为窦公。窦公在经营事业方面十分在行，常常能从别人想不到的地方赚到钱。有不少人曾向窦公请教过成功的秘诀，窦公只给出了四个字：抛砖引玉。

那么，窦公究竟是如何做的呢？

一开始的时候，窦公家其实只能算是过得比较殷实一些，家里也没有多少余钱。那时候，窦公上下，最值钱的财产，就是京城里的一块空地。这块空地其实地理位置还算不错，因此这些年，也有不少人打探过价钱，表露过想要购买的意思，但窦公却一直没有出手的打算。

后来，一次偶然的机会，窦公得知，原来与他那块地相邻的另一块地，是属于当时一个特别有权势的大宦官的，也因为这样，那个大宦官对他那块地非常感兴趣，还不止一次叫人打探过情况。

知道这件事后，窦公当即就把这块空地的地契拿去送给了那个大宦官，就连一个钱字都没提。要知道，在当时，这块地怎么也值五六百缗，是窦公全家最值钱的东西了。大宦官也不差钱，就算窦公

把价格稍微抬高一些，对方也未必不同意。但他还是直接把地送给他了。对此，大宦官心里也高兴得很，虽然没说什么，但也把窦公这人给记住了。

不久之后，窦公就来拜访这个大宦官了，因为之前的土地这件事，所以他很顺利就见到了大宦官。窦公对大宦官说："大人，我打算前往江淮一带看看，但路途遥远，我又人生地不熟的，便想厚着脸皮来找大人求几封信，只希望能在需要的时候求得神策军的庇护。"

神策军护军都是宦官担任的，窦公说这话的意图就十分明显了，显然是希望能借这位的面子去和神策军套套近乎，求得对方的庇护。对那位大宦官来说，这还真就是件举手之劳的事情，想也没想，大宦官就答应了窦公的请求，给他写了几封亲笔信。窦公心满意足地带着这几封信出发了。

一封信确实不是什么稀罕的东西，但重要的是，写这封信的人所拥有的权势与地位。就这样，窦公利用这几封信，很快就累积了三千多缗的资产，比当初那块地的市面价格高多了。而这些钱也成为窦公赚到的"第一桶金"，利用这些钱做资本，窦公开始了对自己事业的经营。

后来，在生意渐渐做大之后，窦公的资产也增加了不少，他便在市郊买了一块被水积满的洼地。这块地虽然处理起来麻烦了一些，但不得不说，价格是真的便宜，性价比也确实高。

窦公注意到，有不少当地的孩子经常会在洼地那里玩耍，将石子和瓦片等东西扔到积水的洼地里。窦公顿时心生一计，让人把这些孩子都叫过来，对他们说道："这样，我来和你们玩一个游戏，你们谁能用瓦片击中这片洼地里的一个目标，就能得到一个蒸饼！"

为了表示自己的诚意，窦公还特意命人把蒸饼给直接摆了出来。

孩子们都很激动，都想参与到这个游戏中，赢得好吃的蒸饼。就这样，孩子们开始争先恐后地加入进来，不停地往洼地里扔瓦片。结果，还没几天呢，这片洼地就已经被孩子们给填平了，窦公这才向众人宣布了游戏结束。

就这样，窦公巧妙地利用了当地孩子的心思，仅仅只付出几块蒸饼的代价，就迅速处理完了洼地存在的问题。随后，窦公用土再次铺垫一番，并在这片洼地上盖了一间客店，迎来送往，专门为路过的商队提供住宿。

不得不说，窦公确实非常懂得经营自己的事业，无论一开始送出的地，还是后来打着游戏旗号送出的蒸饼，最后都为他带来了意想不到的回馈，果然就如同他所说的那般，真是"抛砖引玉"。

第十八计
擒贼擒王

妙计破译

　　摧毁敌人的主力，抓住敌人的首领，是最有效瓦解其整体力量的方式。这就好比龙离开大海，在旷野中战斗，那必然要面临绝境。

为什么张巡要先抓住尹子奇

　　唐天宝年间，"安史之乱"爆发，节度使安禄山起兵谋反，率领叛军势如破竹，一路向着都城挺进。收到消息之后，唐玄宗非常担心，在众臣的陪同下逃了出来，准备暂且前往巴蜀一带避难。

　　在国家陷入这样的生死存亡之际，一大批智勇双全的爱国人士站了出来，用自己的方式和力量守护着这片土地，御史中丞张巡也是其中一个。

　　张巡是个很有本事的人，智勇双全，善于打仗，但可惜内部有人反叛投敌，张巡只得率领部下前往睢阳，去和太守许远会和，之后再商量到底应该怎么办。

　　尹子奇是安禄山手下一员大将，奉命率十万精兵去攻打睢阳。而在睢阳城内，张巡和许远虽然已经胜利会师，但两人所有兵力加起来，也不过六千多人，双方的实力差距简直大得惊人。

面对这样的状况，张巡和许远都傻了，兵力这样悬殊，哪怕睢阳再怎么易守难攻，恐怕也是难逃叛军魔爪了。但即使如此，张巡和许远二人也从来没有想过向叛军投降。许远知道，张巡在打仗方面要比自己厉害得多，有勇有谋，心思缜密，因此主动选择了退让，将指挥士兵守城战斗的重任交给了张巡，由他全权调度和指挥。

一开始，对攻打睢阳这件事，尹子奇并没有太放在心上。在他看来，拿下睢阳应该是件十分简单的事情，毕竟双方兵力差距实在太大了，胜负几乎没有什么悬念。

但很快，尹子奇就发现，这睢阳城还真就是块难啃的硬骨头。在张巡的指挥下，睢阳城守得固若金汤，双方经过数次激战，叛军兵力

虽多，但始终没能占到半点便宜。看着城墙下堆满的尸首，叛军的士气愈发低落，尹子奇知道，即使再继续战斗下去，除了造成更多的伤亡之外，恐怕也不会有任何帮助，只好下令暂时撤军。

不久之后，尹子奇大军再次卷土重来，再一次包围了睢阳城。虽然张巡依旧顺利地打退了几次叛军的进攻，但对方人数实在太多了，继续这么消耗下去，总有一天，睢阳城必然是会被攻破的。此外，睢阳目前被叛军包围，城中的粮草和弓箭都已经快要见底了，再不想办法解决，睢阳早晚不攻自破。

张巡将众人召集到一起，商议应当如何破这个局。张巡说道："要想破解眼前的危局，就必须除掉尹子奇。擒贼先擒王，只要尹子奇一死，叛军便群龙无首了，这样一来，睢阳的危机自然也就解除了。"

话虽如此，但想要除掉尹子奇，显然并不是件容易的事。张巡想了想，找来手下一个名叫南霁云的神箭手，问他说："你能一箭把尹子奇射死吗？"

南霁云想了想，认真回答说："只要距离近，并且能认出谁才是尹子奇，我就一定能完成这个任务。"

于是，新的问题又出现了，大家根本不知道尹子奇究竟长什么样，只是听说这个尹子奇十分狡诈，身边总是跟着数名替身。但张巡沉默片刻后，胸有成竹地告诉众人，他有办法辨认出究竟谁才是真正的尹子奇。

这天夜里，叛军正准备休息，突然听到外面锣鼓喧天，尹子奇吓了一跳，急忙下令集合，结果到了营外却发现，这里连半个人影都没有，唐军根本就没有打过来。于是，只得再次回去休息。可没想到，这才刚躺下，战鼓声就又响起了。尹子奇只得再次领兵出营，营外却依然没有唐军的半点影子。就这样，战鼓声时不时就响一次，把叛军折腾

了一夜，弄得这些士兵一个个疲惫不堪，恨不得倒地就能睡过去。

在叛军已经习惯时不时就要响起的战鼓声后，这一次，张巡真的率领士兵打过来了，南霁云则悄悄隐匿在一边，观察着究竟谁才是真的尹子奇。

在抵御唐军的过程中，叛军很快就发现，唐军所用的弓箭十分特别，是一种用青蒿秆削尖后做成的箭，这种箭如果不射中脸部的话，几乎没有什么作用。在发现这件事后，很快就有人到尹子奇身边汇报情况了。这样一来，一直躲在一旁暗中观察的南霁云轻轻松松就找到了自己的暗杀目标。只见他举起弓箭，嗖的一声，一支箭直接射中了尹子奇的左眼，随着一声哀号，叛军阵脚大乱，张巡趁机率领唐军加大攻势，很快就获得了最终胜利。

❧ 曹沫——绩效最佳的刺客 ❧

春秋时期，鲁国有个名叫曹沫的人，力大无穷，勇武非常。当时鲁国的国君鲁庄公非常欣赏曹沫，还封他做了将军。

齐国是鲁国的邻国，在齐桓公和管仲的共同努力下，正处于飞速发展的阶段，并已经开始了对外扩张，作为邻国的鲁国自然就成了齐国的重点攻击目标。

当时，在齐国对鲁国发动战争之后，鲁国方面负责领兵去抵抗齐军的，就是曹沫。但可惜，虽然曹沫本人武力强悍，但在面对强大的齐军时，但是三战三败，不仅没能将敌人抵御在外，甚至还丢失了不少城池。

面对这样的情况，就连曹沫自己都觉得羞愧难当，主动向鲁庄公请罪。结果，鲁庄公不仅没有怪罪曹沫，反而安慰他说："这是因为齐国和鲁国的国力相差太大了，并不是你的问题。"之后，鲁庄公依然还是继续让曹沫做统兵大将，完全没有更换他的想法。

因为这些事情，曹沫对鲁庄公十分感激，一心希望能为鲁庄公，为鲁国做些什么。可惜，齐国是真的太强大了，在绝对的力量差异面前，再努力也无法带来胜利的奇迹。

最后，没办法，大概被齐国打怕了，鲁庄公只得低头，向齐国割地求和。双方经过商议后，决定在柯地发起会盟，并在众人的见证下签订盟约。

会盟当天，齐桓公正春风得意地与鲁庄公达成协议，准备签约时，突然之间，曹沫手握匕首冲了上来，在众人都还没反应过来的时候，就把齐桓公给劫持在手里了。面对这样的变故，大家都吓呆了，完全

不知道该怎么办，尤其是齐国众将士，根本就不敢轻举妄动，生怕曹沫伤害齐桓公。

之后，齐桓公很快就镇定下来，他知道，曹沫在此时做这样的事情，显然并不是单纯地想要伤害自己，必定是因为对他有所求。于是，他冷静地质问曹沫："你究竟想干什么？"

听到这话，曹沫冷笑一声，说道："齐国强大，鲁国弱小，而大王您却恃强凌弱，不顾道义，侵占鲁国的土地，您不认为这样的行为实在太过分了吗？大王，您自己认为这件事应该怎么办呢？"

曹沫的话让齐桓公脸都气黑了，他怎么也没想到，这个鲁国人会这么不讲武德。可现在，自己脖子上还架着把匕首呢，要是真的为了鲁国几座小小的城池便就此殒命，那才真是得不偿失。

于是，齐桓公只得黑着脸，咬牙切齿地说道："你说得对，齐国会将所有侵占鲁国的领土尽数归还，现在你满意了吧？"

曹沫这人也干脆得很，得到齐桓公的承诺之后，匕首一扔，就大步走了下去，站回到鲁国一众大臣之中，仿佛什么事也没发生一般。

看着曹沫这样坦荡的样子，齐桓公真是又惊又怒，恨不得立即下令让人把这个莽夫拿下，收回刚才自己被胁迫时说的每一句话。齐桓公的表现管仲一直看在眼里，自然知道他在想些什么。管仲赶紧上前一步，压低声音对齐桓公说道："大王不要冲动，切莫因小失大。刚才您所说的话，大家全都听到了，如果此时您出尔反尔，无疑会在天下人面前失去信用，以后谁还敢相信您呢？咱们的目标可不仅仅只是小小的鲁国，而是整个天下。鲁国那点儿地盘，没有就没有吧，怎么能和大王您的信誉相提并论呢？"

管仲的话让齐桓公瞬间清醒过来，虽然心里依然不高兴，但为大局考虑，齐桓公还是兑现了自己的承诺，将鲁国的失地全部还了回去。

混战计

第十九计
釜底抽薪

妙计破译

攻击对方最强大的地方是不理智的，不妨暂避锋芒，消减对方的气势。伺机寻找对方势力生存的根源，予以打击，方可以弱胜强。

❧ 曹操靠什么打败了袁绍 ❧

东汉末年，汉室暗弱，天下群雄并起。袁绍号称"四世三公"，据有冀、青、幽、并四州，兵多粮足，曹操据有兖、豫等州，兵少粮缺。

公元199年，袁绍亲率十万大军进攻曹操的大本营许昌。

刘备因为受了皇帝的衣带诏，与袁绍联合，准备进攻曹操。曹操为了避免腹背受敌，先进攻刘备。刘备不敌，只好逃跑，投靠袁绍。关羽被迫投降，成为曹操麾下的将军。

谋士田丰曾建议袁绍趁着曹操进攻刘备的时候，率军南下。不料，袁绍因为最疼爱的小儿子袁尚生病，不肯出兵，错失大好良机。曹操因此有了大把时间，击败刘备后退兵到官渡防守袁绍的大军。

一个月后，袁绍大军向曹操发动了进攻，很快就把白马团团围住。

但很快曹操就用计夺回了白马，关羽还斩杀了袁绍的大将颜良。

袁绍得知中计，又派大将文丑前去追击曹操。曹操麾下谋士荀攸向曹操献计，不妨让士兵把财物、辎重扔在路边，引诱袁绍军士争抢。曹操依言而行，果然袁绍军士见到辎重、财物就争抢了起来。曹操军趁势杀出，袁绍军大败，大将文丑死于乱军之中。曹操连胜两阵，挟大胜之势回到了官渡。

袁绍吃了败仗，不敢再贸然进攻。曹操兵力不足，很难从正面与袁绍争锋。于是，双方进入了僵持阶段。僵持下去对袁绍来说是非常有利的，曹操军不管财物还是粮草，都远远少于袁绍军。几个月后，曹操军的士兵已经吃不饱了，官渡地区的百姓也因为缺少粮食，纷纷逃跑，投奔袁绍。袁绍军的粮草由大将淳于琼率兵押送，驻扎在距离袁绍军大营四十里外的乌巢。

袁绍麾下有一个谋士名叫许攸，他曾向袁绍献计，说曹操的士兵都在官渡防守，不如派一支轻兵进攻许昌。袁绍不同意，认为夺下许昌不如捉住曹操重要。后来，许攸的家人犯罪，被袁绍的心腹审配逮捕了。许攸知道这件事情后很愤怒，认为袁绍看不起自己，转而投奔了曹操。

曹操听说许攸来了，连鞋都来不及穿就出来迎接。许攸问曹操："军中粮食还能支撑多久？"曹操回答说："还能支撑一年。"许攸又说："哪里还能支撑那么久，跟我说实话吧。"

曹操又回答说："勉强还能支撑半年。"许攸问曹操："你不想战胜袁绍吗？怎么还不实话实说？"曹操说："刚才我都是说笑的，其实军粮只能支撑到这个月底了。"许攸闻言说："休瞒我，粮已尽矣！"曹操惊得目瞪口呆。

后许攸被曹操的诚心打动，就献计给曹操。曹操军此时既不会有援军，也没有粮食，已经到了生死存亡的危急时刻。袁绍的军粮都在乌巢，虽然有士兵把守，但防守十分松懈。如果能派一支轻兵奇袭乌巢，烧了袁绍的粮草，三天后袁绍军将不攻自败。

曹操听了许攸的话，派出五千士兵，带着引火的柴草，趁着夜色走小路偷袭乌巢。抵达乌巢以后，曹操军就开始放火。驻守乌巢的袁绍军大乱，轻易就被曹操军击败了，大将淳于琼也被曹操军的将军乐进活捉。袁绍得知曹军进攻乌巢，就举兵攻打曹操军大营，大将张郃、

高览久攻不下，得知淳于琼被活捉后，就主动投降了。

张郃和高览的投降成为压垮袁绍军的最后一根稻草，军心崩溃，一片混乱，被曹操军重创。十万大军，被歼灭、俘虏十之七八，袁绍只能带着八百骑兵仓惶逃回河北。

官渡之战，曹操只用了两万人，击败了袁绍的十万大军，一举成为北方最强大的势力，奠定了统一北方的基础。

韩世忠计夺白面山

南宋初年，天下动荡，刘忠在东京（今河南开封）聚集了一支兵马，落草为寇。后来，这伙流寇进入了湖南地区，占领了白面山，打家劫舍，聚敛钱粮，逐渐发展为一伙数万人的盗匪。

南宋朝廷得知这里有一支割据势力后，就调兵遣将，要将刘忠一伙铲除。带兵前来作战的，是赫赫有名的大将韩世忠。

韩世忠来到白面山后，见刘忠的营寨非常坚固，难以强攻，就派斥候细细调查刘忠营寨的情况。表面上，韩世忠一副云淡风轻的样子。他禁止士兵出战，每天都在军营里饮酒、下棋，优哉游哉。有几次，韩世忠趁着夜色亲自前往刘忠营寨处察看敌情，寻找破敌之法。

经过一段时间的调查，韩世忠发现一件事情。刘忠营寨里的瞭望塔，除起到观察敌情的作用外，还肩负着派遣盗匪进攻、撤退等行动的任务。也就是说，如果能在战斗开始的时候，一举端掉这个瞭望塔，刘忠手下的盗匪就会失去方向，不攻自乱。那么，如何才能直接端掉敌营中重兵把守的瞭望塔呢？韩世忠很快就想到了办法。

白面山难以攻打，完全是因为对面占有地利优势，凭借营寨让白面山易守难攻。实际上，这些盗匪本身并不强悍，特别是刘忠本人，

军事素养并不高。因此，韩世忠决定，提前在白面山下埋伏一支精兵，作为拔除瞭望塔的主要力量。

埋伏好了，当天夜里韩世忠就率领大军佯攻白面山营寨。夜晚视线不够清晰，刘忠的军事素养又不够，盗匪听到韩世忠的军队声势浩大，很快就慌了手脚。刘忠赶紧集中兵力，来保护最坚固的第一道防线。

刘忠营寨中兵力空虚，韩世忠事先埋伏好的精兵认为发动进攻的时候到了，他们马上冲向瞭望塔，把瞭望塔一举拔除，并且在瞭望塔上竖起了宋军的旗帜。刘忠的军队缺乏信息和指挥，顿时大乱。而宋军见到瞭望塔上的旗帜，得知大事已定，士气高涨。韩世忠率领主力军和那支精兵对刘忠的军队进行两面夹击，很快就击溃了刘忠的军队。

第二十计
浑水摸鱼

妙计破译

趁着敌人内部发生混乱，利用其力量虚弱而没有主见的有利时机，使其顺从于我。这就像人要随从天时的变化而作息，到了夜晚就要安寝一样。

❧ 常胜将军巧取南郡 ❧

公元 208 年，刘备、孙权联军在赤壁大败曹军。之后，曹操派心腹大将曹仁驻守南郡。孙权和刘备都想把南郡变成自己的。东吴大都督周瑜率领大军前往南郡，刘备也在油江口驻扎军队，对南郡虎视眈眈。

周瑜决定前去拜访刘备，试探一下刘备的虚实。诸葛亮知道周瑜要来拜访刘备，就向刘备献计，在油江口展开战船、军士，展示强大的军力。

周瑜来到油江口，看见刘备军兵精将广，士气高涨，心中已经确定刘备有插手南郡的想法。周瑜询问刘备，为什么要在油江口屯兵，刘备则在诸葛亮的点拨下，告诉周瑜，听说东吴要攻打南郡，特意前来助阵。如果东吴不想要南郡，他才会进攻南郡。

周瑜明确向刘备表示，东吴对南郡志在必得。刘备故作好心地提醒周瑜，南郡守将曹仁并非泛泛之辈，一定要多加小心。赤壁之战，东吴是联军主力，气势正盛，刘备的说法让周瑜觉得自己被轻视了，不服气地告诉刘备，如果他不能拿下南郡，那就任由刘备去打，自己绝不插手。刘备见周瑜中计，马上让诸葛亮和鲁肃过来，四人一起见证周瑜的誓言。

离开油江口后，周瑜马上出兵夷陵，打算占领夷陵后再占领南郡。周瑜派出大将甘宁为前锋，不料被曹仁的大军团团包围。甘宁向周瑜求援，周瑜命凌统镇守大营，亲自率军前往夷陵。曹仁大败，伤亡过半，只能连夜逃走。周瑜早已料到，提前用木头堵住了曹仁逃跑的小路。曹仁只好命令部下放弃马车，徒步逃跑。周瑜率军趁势掩杀，缴获战马三百匹。

几天后，双方再次交战。周瑜在后方督战，被一支冷箭射中右胁，身负重伤，只能退兵。曹仁趁势进攻，杀败吴军。周瑜回营后，只能卧床休养。曹仁得知这个消息后，认为没有了周瑜，吴军必然士气低落，指挥混乱，就率领大军趁势进攻。行至周瑜大营前的时候，突然听到从大营中传来周瑜重伤而死的消息，曹仁大喜过望，决定趁夜前去劫营。

当晚，曹军在曹仁的带领下倾巢而出，前往周瑜大营。冲入营寨后，发现营寨当中悄无声息，连人影都不见一个。曹仁心知不妙，自己掉进了周瑜的圈套，赶紧下令退兵。没想到，周围突然燃起无数火把，周瑜率领大军从四面八方杀出。原来，周瑜不过是诈死，骗曹仁前来进攻。曹仁好不容易率领亲卫杀出重围，但士兵伤亡惨重，只能退回南郡。周瑜早有

准备，提前在通往南郡的路上埋伏下了一支军队，截杀曹仁。曹仁见没法回去南郡，只好放弃南郡。

击败曹仁后，周瑜心中十分得意，认为南郡已经落入自己手中。他得意扬扬地率领大军前往南郡，赶到后却发现南郡的城墙上插满了刘备的旗帜。原来，诸葛亮早有算计，在曹军倾巢而出，前去进攻周瑜大营的时候，派赵云浑水摸鱼，轻而易举地拿下了南郡。周瑜辛苦鏖战一场，全为他人作了嫁衣裳，自然怒火中烧。他下令进攻南郡，不料赵云率领士兵以逸待劳，士气正旺。一声令下，箭雨就从南郡城头撒下。周瑜已经率领士兵和曹军大战了一夜，又匆忙赶路，此时已筋疲力尽，只能退兵。

周瑜退兵了，刘备军却乘胜追击，先后逼迫桂阳太守赵范、武陵太守金旋、长沙太守韩玄、零陵太守刘度，献城投降。没过多久，荆襄之地已多半落入刘备手中。

在攻打南郡的时候，激烈交战的双方是周瑜和曹仁。但到了最后，收获最大的人却是刘备。刘备出力虽少，但浑水摸鱼，迅速扩大了自己的领地。刘琦病逝后，刘备就被推举为荆州牧，成为名副其实的一方诸侯。就连实力非常强大的孙权，都把妹妹嫁给了刘备，以保证双方之间的关系牢固。

⚘ 张守珪大破契丹军 ⚘

张守珪是唐朝开元时期的名将，家中世代都是军中将领。他身材高大，相貌俊美，弓马娴熟。参军后屡立战功，成为保卫唐朝边疆的一员重臣。

张守珪战功卓绝，深受朝廷信任，被任命为幽州节度使。契丹大将可突干数次进攻幽州，都因为张守珪正确的指挥无功而返。可突干认为，单纯凭借兵力进攻幽州，恐怕难以取得战果。于是，他决定智取幽州。

可突干先是派出使者前往幽州探听虚实，随后又假意向朝廷上书，表示契丹人愿意归顺朝廷，以后不再进犯边境。张守珪与契丹人作战许久，对他们的状况心知肚明。契丹人近些年来越来越强大，正是士气高涨，勇猛激进的时候，怎么可能突然打消开疆拓土的念头，愿意向唐朝俯首称臣呢？此时说要和谈，必然是在耍诈。但张守珪认为，这是个难得的机会，不妨将计就计，寻找机会击败契丹人。他假装没有识破契丹人的意图，对契丹使者表示热烈欢迎。第二天，他也派出使者，前往可突干处，进行安抚、宣慰。

当然，张守珪派出使者的目的可不仅是去安抚契丹人的，契丹人想要知道他的虚实，他同样想要了解契丹人的状况。契丹人同样热烈欢迎了唐朝使者王悔，晚上还举办宴席款待王悔。王悔在酒席上一边与契丹将领谈笑风生，一边察言观色，寻找契丹人之中可能存在的问题。果然，王悔发现契丹将领不都是与可突干一条心的，有一个契丹士兵告诉他，契丹大将李过折与可突干之间一直有矛盾，两人经常针锋相对，冲突不断。

当晚宴会结束以后，王悔就找到了李过折。他装作不知道李过折与可突干之间

矛盾重重，在李过折面前大力称赞可突干，随后又旁敲侧击地陈述了唐朝多么强大。李过折听了王悔的话，当即表示可突干的意思并不是契丹人民的意思。因为可突干长年向唐朝发动战争，导致国内一片混乱，百姓生活得非常辛苦。可突干并非真心实意向唐朝投降，这不过是可突干的计谋。他已经联系好了突厥人，打算借着突厥人的力量向幽州发起进攻。

王悔听了李过折的话，先是假装震惊，随后又告诉李过折，如果他愿意脱离可突干的军队，自立门户，唐朝朝廷一定会重用他。李过折早就不想在可突干麾下了，当即表示要向唐朝效忠，愿意率军归顺。王悔见此行的目的达到了，就返回幽州，向张守珪汇报情况。第二天晚上，李过折点齐麾下将士，打算突袭可突干大营，拿可突干的人头做前往唐朝的投名状。

李过折率领自己的人马，悄无声息地进入了可突干的军营。可突干万万没有想到，李过折居然敢率军袭击他，根本没有做任何有效抵抗，就被冲入军营的李过折斩杀了。其他契丹将领见李过折杀了可突干，马上召集起士兵，围攻李过折的人马，契丹各方势力战成一团，死伤无数。

张守珪等的就是契丹人发生内乱，早已准备好了一支军队，得知可突干被杀的消息以后，马上冲入契丹人的军营。幸好张守珪的人马及时赶到，此时李过折的军队在其他契丹人的围攻下岌岌可危。张守珪的人马与李过折会合后，就对其他契丹军队发动了总攻。

这一战，契丹大将可突干被李过折斩杀，契丹将士死伤无数，整个契丹元气大伤。从那以后许多年，契丹都没有力量再次侵扰唐朝边疆，叛乱就此平定。

如果李过折与可突干之间没有矛盾，李过折不曾反叛，契丹人军营中没有内乱，张守珪也不会有如此战果，这就是浑水摸鱼之计运用的巧妙之处。

第二十一计

金蝉脱壳

保存军阵、营地原本的样子，让原地防守的气势能得以保留。让友军不怀疑，敌军也不敢贸然进攻。在敌人感到疑惑的时候，悄悄地转移自己的部队。

∽ 悬羊击鼓以惑敌 ∽

春秋时期，齐国的第十四位国君齐襄公，是个非常昏庸残暴的君主。他杀死了自己的妹夫鲁桓公，又暗杀了与自己有过节的郑国国君。齐襄公的两个弟弟公子纠和公子小白，生怕被这个喜怒无常、凶残狠毒的国君伤害，于是逃出了齐国。公子纠的母亲是鲁国人，公子纠就和他的谋臣管仲逃往了鲁国。公子小白和谋士鲍叔牙两人逃往了莒国。

后来，因对齐襄公不满，连称和管至父就联合齐襄公的堂弟公孙无知，打算发动叛乱。

几个月后，齐襄公外出打猎。车到贝丘的时候，突然窜出一只大野猪。齐襄公受到惊吓，从车上掉了下来，摔伤了脚，还丢了一只鞋。齐襄公命负责管理鞋子的人去找，管鞋人找不到，被打了三百鞭。公孙无知等人听说齐襄公受伤，就打算发动叛乱，而管鞋人无辜被鞭打，愿意为他们做内应。公孙无知等人进宫以后，杀死了齐襄公，公孙无知自立为国君。但第二年，公孙无知曾经虐待过的齐国大夫雍廪就暗杀了公孙无知。一时之间，齐国居然没有了国君，一片混乱。

公子纠和公子小白都很快得知了这个消息，两人都是齐国国君的合法继承人。那么，谁能先回到齐国，谁就能继承王位。莒国距离齐国并不远，公子小白显然比远在鲁国的公子纠更有优势。公子纠的谋士管仲早就想到了这一点。于是，他向鲁国借了一支兵马，急行军埋伏在莒国通往齐国的路上。

公子小白在莒国得知公孙无知被杀的消息后，马上向莒国国君求助，带着要来的兵马前往齐国。鲍叔牙作为公子小白的谋士、管仲的好友，想到管仲说不定会在路上伏击公子小白。于是，渡淄河的时候，鲍叔牙就告诉护卫，不允许任何闲杂人等靠近公子小白。他们在渡口

等了许久，才有一条船从河对岸过来。鲍叔牙赶紧呼唤撑船的老翁，要他把船划过来。没想到，这个撑船的老翁就是管仲假扮的。他趁着划船靠近岸边的时候，突然射出一箭，射在了公子小白衣服的带钩上。瞬间，周围的树林中出现了许多鲁国士兵，将公子小白一行人团团围住。

公子小白中箭，鲍叔牙赶紧带着生死未知的公子小白突围。杀出重围后，逃入了一条树林茂密、地势险要的山谷。见鲍叔牙和公子小白进了山，管仲和公子纠就放松了下来。这样险要的地形，想要进去找到他们并不容易，但他们想要出来更不容易。只要派一支兵马在这里围困，用不了几天，公子小白一行人就会因为缺少粮草，活活饿死在山里。

事情果然如管仲所料，几天后，公子小白一行人已经没有了粮食，靠打猎和采摘野果勉强为生。如果再想不出办法，就只能杀掉他们代步的马了。幸好有一个士兵，发现有一条出山的小路，能穿过青州直达齐国国都临淄。

既然有机会逃走，不妨把机会利用得更好一点儿。于是，鲍叔牙和公子小白命令士兵抓几只山羊，把山羊的后腿绑住，挂在树上，每只山羊的下面都放一面战鼓。他们还在在山上挖出几条战壕来，找几匹筋疲力尽、已经走不了什么路的战马挂上铃铛，赶入战壕中。一切准备就绪，公子小白和鲍叔牙就率领着队伍悄悄从小路逃走了。

一段时间以后，挂在树上的羊和在战壕里的马，因为饥饿开始不安分起来。羊不停地蹬腿，战鼓就一直被敲响。战马在战壕里一边嘶鸣一边奔跑，脖子下的铃铛响个不停。管仲和公子纠听见了，还以为公子小白和鲍叔牙就在山里。

就这样，公子小白比公子纠先一步回到了齐国，继承了王位，号齐桓公。公子纠没了继承王位的机会，只好灰溜溜地和管仲一起回了鲁国。但是，鲁国并不强大，很害怕齐国会拿公子纠当借口报复鲁国。于是，鲁国国君下令处死了公子纠，把管仲押回了齐国。在鲍叔牙的大力举荐下，齐桓公最终原谅了管仲，并任用他为相。君臣二人励精图治，让齐国成为当时最强大的国家。

邓艾偷渡阴平

公元 263 年，司马昭征兵十八万，分三路进攻蜀国。征西将军邓艾率领三万大军，前往姜维所在的沓中。雍州刺史诸葛绪率领三万兵马，从祁山进兵武都。镇西将军钟会率领主力军十万人，从子午谷进军汉中。

汉中乃是蜀汉的根本，但蜀国朝堂之上斗争十分严重，姜维只能在沓中防守。邓艾只要拖住姜维，由诸葛绪切断姜维后路，钟会的主力大军就可以直入汉中，一举消灭蜀国。

姜维也非泛泛之辈，他马上就识破了司马昭的计划，巧妙地让诸葛绪扑了个空，逃出了包围圈，与北上来的援军合兵一处，退守剑门。剑门是一道雄关，易守难攻。如果魏军要与蜀军在剑门作战，势必会损失惨重，难以达成灭亡蜀国的战略目标。幸好钟会进军顺利，轻而易举地拿下了汉中，打开了通往益州的门户。钟会大军抵达剑门，与姜维对峙。邓艾则打算与诸葛绪合兵一处，绕过剑阁，直捣成都。诸葛绪认为，击败姜维比直捣成都更加重要，并没有听从邓艾的建议，转而与钟会会合。

蜀道难，难于上青天。邓艾想要绕过剑阁，只能走阴平路。但阴平路非常艰险，一路上都是高山险谷。别说运送军粮的车辆了，就连人都很难通过。并且邓艾想要偷袭成都，就不能是大股军队，否则很容易被发现。小股军队即便能通过艰险的阴平道，绕过剑阁，抵达成都的门户涪城，凭借小股军队也很难攻下城池。即便攻下了城池，还要击败绵竹守军，击败成都守城的大军，才能达到战略目标。在没有援军，缺少补给的情况下，这个战略目标是很难达到的。

邓艾率领精兵，不畏艰险，数次险些丧命，终于来到了马阁山。马阁山连路都没有，下山只有悬崖峭壁。邓艾见士兵止步不前，亲自裹上取暖用的毛毡，滚下山坡。其他士兵被邓艾鼓舞，也纷纷寻找办法，攀下峭壁，过了阴平道。

邓艾的军队过了阴平道，已经粮草断绝，疲惫不堪了。如果不能快速攻下涪城，那邓艾这支军队就会全军覆没。邓艾兵临城下的时候，涪城太守马邈听说邓艾退守剑阁，眼前又有一支魏军，以为魏国主力已经打到涪城。慌乱之下，居然直接打开城门，不战而降。邓艾未损一兵一卒，就占领了涪城，在涪城获得了粮草补给。

在经过短暂的休息后，邓艾这支奇兵又向绵竹发起了进攻。他派自己的儿子邓忠与守卫绵竹的诸葛瞻交战。双方兵力差距较大，邓忠没能取胜，战败逃回。邓艾大怒，告诉邓忠说："眼下我们已经到了生死存亡的关键时刻，胜败在此一举，还哪有什么行不行的说法。"于是，他逼迫邓忠回头继续作战，否则就要将邓忠斩首。而后邓艾亲自督战，魏军士气如虹，大破蜀军，绵竹陷落。

攻陷绵竹后，成都的门户就向邓艾开放了。后主刘禅得知邓艾的军队就在成都附近后，吓得魂不附体，再加上旁边有谯周等奸臣劝诱，刘禅居然不顾成都还有守城的大军，主动献上皇帝印绶，向邓艾投降。

邓艾用了一招金蝉脱壳，让自己掌控的大部分士兵留在原地，自己则亲率一支几千人的奇兵绕过剑阁，直捣成都，一举灭亡了蜀汉。

第二十二计
关门捉贼

妙计破译

　　面对弱小的敌人，要设法围困或歼灭他们，如果不慎让他们逃走，情况就会变得十分复杂，贸然追击，很可能会遭遇敌人反扑，或中诱兵之计，这些都是非常危险的。

❧ 纸上谈兵 ❧

　　公元前262年，秦国出兵攻打韩国。秦将王龁很快就率军占领了韩国的野王城，直接切断韩国到上党城的联系。当时，上党城守将是将军冯亭，眼看城池不保，冯亭无奈之下，只得向赵国求援。

　　按理来说，当时的赵国是没有绝对的信心可以与秦国抗衡的，但那时候，野王城已经落入秦国之手，如果上党再落入秦国手中，那么秦军就能兵分两路，一路由上党越过东阳关，一路由野王城出发渡过淇水、漳水，对邯郸形成夹击之势，这样邯郸可就危险了。因此，赵王只得派人去接手上党，和秦国相抗衡。

　　两年后，即公元前260年，秦军还是攻占了上党，但上党的百姓却不愿意投降秦国，纷纷逃去了赵国，由此引发了秦国与赵国的大战。

面对来势汹汹的秦军，赵王派出了大将军廉颇率军前去抵御，廉颇率领赵国的军队在长平一边接应逃亡而来的上党百姓，一边布防抵御秦军的进攻。廉颇认为，秦军刚赢得了上党之战的胜利，士气正高，现在还不适合与之正面抗衡，于是便令人搭了营寨，挖了壕沟，准备和秦军来一场拉锯战，等把他们的士气磨低了再去攻打。

王龁率秦军到了长平之后，无论怎么叫阵，廉颇都坚守不应战，双方相持了三个多月。无奈之下，王龁只好把这事上报给秦王，让秦王来定夺该如何是好。

秦王接到消息后，把丞相范雎找来了，让他想想办法，怎么才能尽快把长平拿下。范雎想了想后，给秦王提了两点建议：一是想办法让赵国把廉颇给撤了。廉颇经验丰富，足智多谋，不好对付。二是让白起去指挥作战。

秦王同意了范雎的建议，并给了范雎黄金二万两，让他去贿赂赵国的大臣，想办法把廉颇给撤换掉。在范雎的操控下，赵国的大臣开始纷纷向赵王进言，说廉颇的坏话，赵王听得多了，还真开始对廉颇不放心，没过多久还真就把廉颇给撤了，让赵括去接替大将军的职位，抵抗秦国。

赵括是赵国名将赵奢的儿子，从小熟读兵书，谈论起兵法头头是道，就连父亲赵奢也挑不出什么毛病。但即便如此，赵奢并不看好这个儿子，甚至还公开说过："战争乃是关乎生死存亡的大事，而在赵括口中却变得十分简单。如果有一天，赵国真任用赵括为将，赵军必然会陷入危难！"

也因为这样，赵王封赵括为大将军，让他去接替廉颇的时候，赵括的母亲还亲自出面劝说赵王，让他打消这个念头。但赵王是谁？怎么会在乎一个妇人的意见呢？于是，他仍旧坚持自己的想法，还给赵括增派二十万人马，嘱咐他赶紧去攻打秦军，结束这场拉锯战。

廉颇见到赵括之后，对他非常不放心，尤其是听说秦国派了白起出战，更是对赵括千叮万嘱："秦军千里奔袭而来，恨不得赶紧速战速决，咱们不能如他们的意，得以守为主，跟他们打消耗战！"

然而，赵括根本不听廉颇的，对他说的这些一副不以为然的样子，气得廉颇帅印一交就拂袖而去，离开了大营。

赵括知道，廉颇被撤换，其中一个很重要的原因就在于他一直坚守不战，让赵王渐渐失去了耐性。所以，在接替廉颇之后，赵括立即就出兵和秦军交战了，他急需用一场胜利来证明自己比廉颇强。

正如廉颇所说，秦军千里奔袭，对他们来说，这场仗只有速战速决才是对秦国最有利的。因此，为了引出赵军主力，白起在与赵括交锋时故意败阵，让赵括取得了几次小胜利。果然，在赢了几次之后，

赵括便有些得意忘形了，觉得白起也不过如此，秦军也不过如此。于是，赵括干脆直接向秦军下了战书，要与其一决胜负。

次日，赵括果然率领四十万主力大军前去和秦军决战，秦军在白起指挥下一路"败退"，一直把赵军引到了秦军营外，然后直接退入营中，坚守不出，气得赵括大骂不止。殊不知，他这是中了白起的圈套！

其实，早在一开始，白起就将秦军兵分两路，一路负责将赵军引到秦军的地盘，另一路则趁机绕到赵军后方，切断赵军粮道，一招关门捉贼，就把赵军给前后包抄了。等赵括反应过来的时候，赵军已经陷入秦军的包围圈，无力回天了。

就这样，秦军围了赵军整整四十六天，赵括在率兵突围时中箭身亡，四十万赵军也被秦军屠戮殆尽，赵国就此元气大伤，一蹶不振。自此，赵国也退出了强国行列，逐渐走向灭亡。

韩世忠在黄天荡一巧制敌

1129 年，金军大举南下进犯宋朝，在金国大将军金兀术的率领下，一路浩浩荡荡打到了建康城附近，几乎没遇到过什么有力抵抗。当时，负责长江防守的是南宋将领杜充。他指挥失误，使金军很快就顺利渡过长江，攻陷了建康，一直打到了宁波、温州一带。

大肆劫掠一通之后，金军打算班师回国。因为携带了大量从南宋劫掠的珍宝财物，金兀术担心路上遇到宋军，被宋军抢回战利品，和左右商量之后，便决定从水路返回。

金军要回国，走水路势必会经过镇江。镇江地理位置十分重要，负责镇守这里的是南宋名将韩世忠和夫人梁红玉。韩世忠听说金兀术大军会经过镇江，便立即调集了八千水军，准备前往拦截金兀术大军，给这群嚣张的进犯者一个狠狠的教训，并抢回被他们劫掠的财物。

韩世忠的大名金兀术可不陌生，他知道韩世忠这人足智多谋、骁勇善战，并不想和他发生正面冲突。因此，在路过镇江时，金兀术便打算趁着夜色先去打探打探韩世忠军营的情况，好避开韩世忠的势力。没想到，韩世忠从收到消息得知金兀术会从这儿经过的时候就早有戒备，金兀术刚一出现就被他发现了，吓得金兀术落荒而逃，差点儿被俘虏。

被韩世忠撞破之后，金军再想悄无声息地离开就不可能了。第二天，金兀术只得率领金军和韩世忠大军在江中展开激战。

韩世忠的夫人梁红玉乃是女中豪杰，巾帼不让须眉。在大战时，她便在船桅顶部击鼓挥战旗，大大鼓舞了宋军的士气。在韩世忠的率领下，南宋水师在江上把金军打得节节败退，还把金兀术的女婿龙虎大王活捉了。金兀术一看这情况，知道再打下去也是负隅顽抗，倒不如趁着损失不大赶紧逃跑，于是下令让金军沿长江南岸往西全速撤退。

然而，金兀术不知道，金军逃亡的方向正是黄天荡一带，而黄天荡是江中的一条断巷，早就已经废置不用多时，能进去却出不来。韩世忠一看金兀术大军往黄天荡去了，心下一喜，连忙派出舰队把黄天荡的入江口给封锁了起来。就这样，十万金兵被韩世忠一招关门捉贼，直接堵在了黄天荡。但黄天荡水比较浅，河道又多弯弯绕绕，韩世忠的水师都是大船，根本无法进入，两军就这样形成了对峙之势。

虽然水师暂时无法进入黄天荡，但韩世忠可不急，他直接派兵将所有出口都给把守住了，打算直接堵死金军所有的出路，和他们耗到底。相比韩世忠的淡定，金兀术急坏了，金军这么多人，吃喝都是问题，可要是强行突围，必然损失惨重，甚至还未必能成功。

幸好金兀术运气也不差，他抓到一个当地人，经其指点后才得知，原来黄天荡还有一条隐藏的道路，鲜有人知道，就连韩世忠都未必清楚。那条水路直通长江，但因为淤泥阻塞，已经很久不能通行了。找到这条水路之后，金兀术当即就下令，让金军日以继夜地开始挖掘，势必要在韩世忠发现之前将水道挖通。

然而，韩世忠这样算无遗策的人，又怎么可能留下这样的漏洞呢？等金军费尽力气地挖通水道之后，才发现岳飞率领的岳家军早就守在建康城外的牛头山上守株待兔了，金军还未从逃出生天的喜悦中回过神来，就直接遇上岳家军，被打得毫无还手之力。无奈之下，金兀术只好又带着残余军队再次返回黄天荡。

唯一的出路都已经断了，金兀术实在没有办法，只好派人给韩世忠传信，表示愿意把金军劫掠的财物全部都还给韩世忠，还愿意为他提供马匹，只希望韩世忠能给他一条出路。面对这样巨大的诱惑，韩世忠不为所动，他深知放虎归山，后患无穷的道理，不会给南宋留下这样的后患。于是，他便下令，让手下人大量打造铁索和铁钩，势必要将金兀术堵死在黄天荡，把金军全部歼灭。

就在这个时候，有人向金兀术献策，让他等风势比较小的时候让人用火箭去射宋军的船帆。因为宋军水师的船都是大船，虽然战斗力强，但不如金军的小船灵活，主要借由风势来行船，风势小的时候，只比速度，自然赶不上金军的小船。因此，只要能在风势小的时候引火烧船，争取到片刻时间，打开一个缺口，金军自然就能从缺口逃离，而宋军水师的大船也追不上。利用这一办法，金兀术才终于逃出了黄天荡。

黄天荡这一战，金兀术最终逃脱，但韩世忠仅仅只用了八千水师，就将金军十万兵马围困四十八天，歼灭万余敌人，实在令人佩服，而韩世忠也因这一战而天下闻名，激起了无数南宋人的抗金情绪。

第二十三计
远交近攻

妙计破译

因为地理环境的限制和阻碍，若先攻取就近的敌人，则形势对我们来说就是有利的。但若越过近处的敌人，先去攻取远处的，则形势反而会对我们不利。这就是从《睽卦》里"上火下泽"中悟出的道理。

～ 秦王统一六国的秘密 ～

公元前270年，秦国国君秦昭襄王突然收到一封信，信中说有要紧的事情需要求见秦昭襄王，落款名叫张禄。当时，秦国的大权还掌握在太后和他的兄弟穰侯魏冉的手里。那时候，穰侯正为派兵攻打齐国的事情忙碌。秦昭襄王心想，自己左右没事，不如就见一见这人。而他不曾想到的是，正是这次相见，开启了秦国统一六国的宏图霸业。

这个要见秦昭襄王的张禄原名叫作范雎，是魏国人，原本在魏国大夫须贾门下任职，因颇有才干而闻名。有一次，范雎跟随须贾一起出使齐国。当时，齐国的国君齐襄王听说后，就差人送了一份厚礼给范雎，想要拉拢他，但被范雎拒绝了。可没想到的是，须贾将这事看在眼里，便对范雎起了疑心，认为他私通齐国。

回到魏国之后，须贾就把这事告诉了相国魏齐，魏齐不经查证就直接把范雎下了狱，并对他进行严刑拷打，让他供认罪行。对自己从未做过的事情，范雎当然不肯承认，但魏齐却不肯相信他，直到把他打得奄奄一息之后，干脆直接下令，让人用草席把范雎卷起来扔茅厕里去了。

好在范雎命大，受了这样的重伤之后，竟还挣扎着醒了过来。当时，只有一个士兵守在范雎身边，见范雎实在可怜得很，便偷偷放走了他，然后向魏齐回报，说范雎已经伤重不治，死在茅厕里了。

之后，范雎担心魏齐发现他的行踪，便就此改名换姓，自称张禄。恰好当时，秦国有一个使者到魏国出使，范雎便偷偷去见了使者，央

求使者将他偷偷带到了秦国。这才有了范雎给秦昭襄王写信相约见面的事情。

秦昭襄王很快给了范雎答复，与他相约在离宫见面。到了约定的那天，范雎到了离宫，走到半道上就恰好看到秦昭襄王的马车驶了过来。范雎心念一动，故意装作没认出秦昭襄王，仍旧大摇大摆地走在路上，也不躲避。

侍从看到范雎，赶紧大声吆喝着提醒："大王来啦！"

听到这声吆喝，范雎仍旧没有躲避，反而冷淡地说道："大王？咱们秦国有大王吗？"

见范雎这般无理，侍从非常生气，和他争吵了起来，惊动了车架上的秦昭襄王。秦昭襄王探出头来，正好听到范雎高声说道："我只听说过秦国有太后和穰侯，不知大王在哪儿？"

这话可谓直接戳了秦昭襄王的心窝子了，他赶紧把范雎请到离宫，屏退左右，恭敬地对范雎说道："恳请先生赐教。"

范雎也不推托，高声说道："咱们秦国，有广大的土地，勇猛的士兵，比其他诸侯国都强。可是，十五年来，秦国始终没有取得任何大的成就，为何会如此呢？不得不说，不管穰侯还是大王，都脱不了干系。"

听到这话，秦昭襄王有些不服气了，问范雎："那先生您倒是说说，我哪里做得不好了？"

范雎说道："我听说如今秦国正准备攻打齐国，可是齐国距离秦国是非常远的，中间还隔着韩国和魏国。如今，秦国去打齐国，假如一切顺利，真把齐国给打败了，大王又当如何呢？齐国和秦国的土地不接壤，秦国也不可能越过韩国和魏国去管理齐国的城池，打了胜仗又有什么用呢？要我说，这最好的办法，就是远交近攻。与距离秦国

远的齐国先交好，稳住他们，然后先去攻打那些临近的国家，扩充秦国的地盘。等到把临近的国家都纳入囊中之后，秦国的力量自然就会相应壮大，到时候，齐国自然也就可以轻松拿下了。"

范雎一席话让秦昭襄王茅塞顿开，当即就拜范雎为客僚。几年之后，秦昭襄王正式掌权，罢免了魏冉，拜范雎为丞相，并按照他的建议，把韩国和魏国列为进攻目标。

秦国的威胁让魏王日夜难安，生怕哪天一醒来，秦军就已经兵临城下了。相国魏齐因为听说秦国的丞相张禄原本是魏国人，便让须贾去秦国见见这位丞相，套套近乎，以便向秦国求和。

须贾刚到秦国，范雎就收到了消息，他特意换上一身旧衣服，把自己打扮得很落魄，到客馆去见须贾。须贾看到范雎之后非常惊讶，见他日子过得落魄，便心生不忍，拿出一件好衣服送给他，还留他一道吃了饭。

饭桌上，须贾说起自己想要求见丞相张禄却苦于无人引荐的事情，范雎便说道："我现在的主人倒是和丞相有几分交情，你若是想见丞相，不如我带你去？"

须贾非常高兴，便和范雎一同去了相府。他这才知道，原来秦国的丞相张禄就是范雎！须贾吓得不轻，当即就跪倒在范雎面前，连连磕头认错。

范雎先是狠狠数落了须贾一通，随后又说道："虽然你我以往有些仇怨，但今日你见我之后，给我赠了袍子，也算是有情有义，看在这袍子的份上，我便不和你计较了。至于魏国，只要魏王杀了魏齐，秦国便接受魏国的求和。"

须贾回国之后，将这件事告诉了魏王，魏齐知道自己已经没有活路了，最终选择自杀。在魏国求和之后，秦国便将矛头指向了韩国，自此以远交近攻的策略，开启了统一六国的征途霸业。

郑庄公的霸主之路

郑庄公是个非常有政治才能的人。看到周王室衰微，各诸侯混战的局面，他认为，周王室已经不值得依靠了，想要天下太平，诸侯臣服，就必须有足够强大的实力来作为后盾。因此，郑庄公一直励精图治，发展生产，想要让郑国一步步强大起来，从而实现自己的宏图霸业。

郑庄公特意研究了各诸侯国的情况，他发现：郑国东面的齐国与鲁国已经交战多年；南面的楚国正忙着向南发展，暂时没有北上的打算；西面强大的秦国也在忙着与犬戎交战；西北的晋国则正处于内乱中，无暇顾及其他；临近郑国的卫国和宋国则与郑国关系一直不太友好，双方已经剑拔弩张许久，随时可能爆发战争。

根据这一情况，郑庄公为郑国日后的发展制定了"远交近攻"的策略，打算与距离自己较远的齐国、鲁国和邻国交好结盟。至于卫国和宋国，自然成为郑国扩张疆域的"目标"。

公元前719年，郑国与宋国之间的关系已经到了剑拔弩张的地步，宋国竟联合陈、卫、蔡、鲁等四国共同攻打郑国。五国联军兵临城下，将郑国都城围了个水泄不通。面对这样的状况，郑庄公并未慌乱，而是沉着应对。在军事上，他下令加强防御，坚持抗敌。在政治上，他通过高超的外交手段，努力团结一切可以团结的力量，尤其是鲁国与陈国，试图瓦解五国的联盟。

公元前717年，郑国终于找到机会，打出帮助邾国雪耻的旗号，向宋国发起进攻。与此同时，郑庄公还派遣使臣到鲁国走动，成功与鲁国结成同盟。这一通操作让宋国国君非常担忧，生怕鲁国真的和郑国联合来攻打自己，只得去请求比较强大的齐国从中调停。

齐国的面子郑庄公自然是要给的，他非常谦虚地表示，郑国愿意听从齐国的建议。因为郑庄公的态度实在太好了，齐国方面对郑国的印象自然也好了起来。自此，郑国与齐国越发亲近，郑庄公更是多次与齐鲁两国的国君相见，并承诺在攻下宋国之后，要将宋国的部防二邑送给鲁国。在郑庄公的努力之下，三国的同盟关系变得愈发稳固。

公元前714年，郑庄公以宋国不去朝拜周天子为由，再次出兵攻打宋国。当时的周王室虽然已经名存实亡，但仍旧占了"正统"二字，从名义上来说，依然是天下诸侯的领袖。以周王室的名义讨伐宋国，其他诸侯国若是不响应，那么名声方面必定会受损，郑庄公也正是打了这个主意，才假借王命行事。

齐国和鲁国本就与郑国交好，周王室的名义一打出来，两国便立即出兵响应。三国联军实力非常强大，一路势如破竹，打得宋国无力还手，最终只得割地求和。借着这股势头，郑庄公大肆扩张领土，奠定了郑国日后的霸主地位。

此后，郑庄公不断审时度势，与周王室周旋。公元前707年，在葛之战中，郑庄公大胜周王室的"天子之师"，并一箭射中了周天子的肩膀。自此，郑庄公一战成名，被世人誉为春秋时期最早的"春秋小霸"。

第二十四计
假道伐虢

妙计破译

　　当处在两个大国之间的小国，被敌方用武力胁迫屈从时，我方应积极援助小国，借机渗透力量。对处在困境中的小国，若只口头许诺而不采取援助的行动，是不能取得它的信任的。

～ 晋献公借道伐虢国 ～

　　春秋时期，晋献公掌权时，晋国国力发展得比较强大，于是晋献公便起了想要开疆拓土的心思。而要开疆拓土，就必须去抢夺其他诸侯国的土地，晋献公瞄准的目标，就是邻近晋国的两个小国，虞国和虢国。

　　与晋国相比，虞国和虢国的势力不算强大，但这两个国家关系亲近，一直守望相助。多年来，晋国始终都无法将这两个国家消灭。为了这事，晋献公愁得饭也吃不下，觉也睡不好，仿佛自己明明怀抱金山、银山却无法取用一般难受。

　　当时，晋献公手下有一个名叫荀息的大臣，深得晋献公宠信。荀息得知晋献公的烦恼之后，就给他出了一个主意。他对晋献公说道："大王，其实想要拿下虞国和虢国，也没有那么难。"

听到这话，晋献公也没什么反应，以为荀息只是在安慰自己，毕竟这虞国和虢国的事情都已经这么多年了，也没个解决的办法，怎么会不难呢？因此，晋献公只是淡淡地应了一句："这虞国和虢国关系亲近得很，你若是发兵去打虞国，虢国必定出手相帮；你若是发兵去打虢国，虞国也不会袖手旁观。同时和这两国对阵，即使咱们晋国，也不见得能讨到什么好处。"

这事荀息自然明白，只见他淡定地行了一礼，继续说道："大王不必忧心，虞国和虢国虽然关系亲近，但我听说，虞国的国君是个贪得无厌的人，只要能够利用好他的这一弱点，大王您所谋求的事情必定能够实现。"

听到这里，晋献公总算来了兴致，赶紧问荀息："你这是有什么主意了？快说来听听。"

荀息微微一笑，说道："虞国和虢国的关系向来亲厚，这是大家都知道的事情，所以对付这两国，不能用强攻的办法。如果大王您能舍得两样东西，那么我就有十足的把握拿下虞国和虢国。"

晋献公好奇地追问道："两样东西？哪两样东西，竟能有这样大的效果，抵得上两个国家？"

荀息回答道："这两样东西，一是您所钟爱的良驹宝马，二是您所珍视的美玉宝石。"

晋献公顿时愣住了，晋国边境有个名叫屈的地方，正好盛产良驹宝马；而晋国另一个名为垂棘的地方则正好盛产上好的美玉宝石。无论良驹宝马还是美玉宝石，世上又有谁不爱呢？真要将这些东西拱手送人，晋献公实在舍不得，尤其是如果东西送出去了，可最终的谋划却没有成功，那可就真的是"赔了夫人又折兵"。

　　于是，晋献公有些犹豫地问道："如果舍得，你要拿这些东西做什么？"

　　荀息答道："虞国国君本性贪得无厌，若是大王你舍得用良驹宝马和美玉宝石去贿赂拉拢，他必然会愿意和晋国亲近。而虞国如果和晋国关系亲近了，虢国必然会陷入慌乱，虢国只要一慌乱，那就容易露出破绽，方便我们从中进行挑拨。等到虞国和虢国的关系破裂之后，晋国就可以逐个击破，将两国都收归麾下了。"

　　晋献公想了想，又问道："那要是我舍不得呢？"

　　荀息笑道："大王，您又何须舍不得呢？您所爱之物不过暂时换了个地方储藏罢了。等到虞国成为您的囊中之物后，虞国的仓库不也是您的吗？您放在虞国仓库里的东西，当然也还是您的。"

　　晋献公想了想，觉得荀息的话挺有道理，就把这事全权交给了荀息去处理。果不其然，荀息把宝马和美玉一送，虞国国君心花

怒放，和晋国亲近了许多。与此同时，荀息又让人特意在虞国和虢国的边境地区制造混乱，借此挑拨虞国和虢国的关系，使两国疏远了许多。

趁着这个时候，有一天，晋献公突然对虞国国君说道："这虢国实在是太过分了！现在咱们晋国和你们虞国是兄弟之国，我不能眼睁睁看着你被他们欺负。这样，我愿意让晋国的军队去替你教训虢国，只要你同意让晋军从虞国借道就行。"

一听这话，虞国国君十分感动，觉得晋献公实在太够意思了，都不用自己耗费兵力，就帮自己教训虢国，于是当即便点头同意了，还叫嚣着虞国也要一起出兵，还要给晋国打头阵。

虞国的大臣宫子奇听说这件事后，立马就看穿了晋国的意图，极力劝阻虞国国君收回成命，并苦口婆心地劝说道："大王啊，虞国和虢国的关系，就像嘴唇和牙齿的关系一般，唇齿相依，唇亡齿寒啊！晋国若是去攻打虢国，我们虞国就当立即去救援，而不是借出道来让他们去对付虢国。若是虢国不复存在，虞国恐怕也是无法长久的啊！"

宫子奇的话没能改变虞国国君的意愿，他说道："若是为了一个弱者朋友而得罪一个强者朋友，那多不划算啊！"

就这样，失去了虞国帮助的虢国很快就被晋军歼灭了。晋献公为了感谢虞国国君，把攻打虢国时所劫掠到的大部分财物都送给了虞国国君，让他十分高兴。在回国途中，晋军再一次从虞国境内借道而行，晋国大将里克趁机装病，率领部下暂时驻扎在虞国都城附近。

几天后，虞国国君突然接到晋献公的邀约，叫他一块去打猎，虞国国君欣然前往，根本没有意识到这是个计谋。不想刚到围猎场，虞国国君就看到了都城起火，等他匆忙赶回去之后，才发现城中早已被晋军里应外合地占据了。就这样，晋国轻轻松松就把虞国也消灭了。

❧ 楚文王借蔡灭息 ❧

在楚文王统治时期，楚国势力发展得十分强盛，汉江以东的小国都纷纷向楚国称臣纳贡，以求得楚国的庇护。当时有个叫蔡国的小国则不同，它根本不买楚国的账，完全没有向楚国称臣纳贡的打算。

按理来说，这蔡国的实力是远远不及楚国的，可它凭什么有这样的底气呢？这其实并不奇怪。在当时，楚国虽然强大，但并不是没有能够与之匹敌的诸侯国存在，比如齐国就是当时的强国之一，而蔡国的底气恰恰就来源于齐国。蔡国当时与齐国有联姻，既然已经找到了齐国这个强大的靠山，蔡国自然也就不会再向楚国投诚。

蔡国的态度让楚文王非常生气，他一直怀恨在心地等待着攻灭蔡国的时机。令人没有想到的是，很快这个机会就来临了。

蔡国当时和另一个小国家息国关系很好，因为蔡侯和息侯都娶了陈国国君的女儿，两人是连襟，经常有往来。

有一次，息侯的夫人路过蔡国的时候，便顺道去看望自己的姐姐。据说这个息夫人生得十分貌美，大抵比她姐姐要更好看。因此，当蔡侯见过息夫人之后，心里便有些不痛快了，自己和息侯娶的都是陈国国君的女儿，凭什么息侯的老婆比自己的老婆漂亮呢？

怀着这样的心思，蔡侯便总是有意无意地去骚扰前来看望姐姐的息夫人，这让息夫人感到非常生气，回国之后就把这事告诉了自己的丈夫息侯。息侯也很生气，就想着要去教训一下蔡侯，可问题是，当时的息国实在太小了，根本打不过蔡侯，这可怎么办呢？

这件事很快就被楚文王知道了，楚文王非常高兴，认为这件事只要操作得当，便能成为他攻灭蔡国的契机。于是，楚文王很快就联系上了息侯，两人一拍即合，一个想要借刀杀人，一个则想要借机牟取利益。

　　达成合作之后，息侯将自己的计划告知了楚文王。息侯让楚文王先假装要出兵攻打息国，然后他便借此向连襟蔡侯求助，等蔡侯出兵之后，他们再一起合作攻打蔡侯，将蔡国攻灭。息侯的想法和楚文王不谋而合，他自然欣然同意了这一做法。

　　很快，楚文王就按照约定向息国发起了进攻，假装要攻打息国，息侯赶紧派人去向蔡侯求援。蔡国与息国都是小国，能够生存下来，与彼此之间的亲密合作和守望相助都是脱不开干系的。因此，收到求援的消息后，蔡侯赶紧就率兵出发前往息国救援去了。

　　可没想到的是，蔡侯才率军抵达息国城门下，就被息侯把城门一关，拒之门外。就在这时，早已埋伏好的楚军出现了，只见他们从四面八方涌来，将蔡侯重重包围，双方一番激战后，蔡侯被俘虏。直到这个时候，蔡侯才终于意识到，自己是被息侯给算计了！

　　蔡侯十分痛恨息侯的背叛，他知道楚文王这人十分好色，于是便在临死前故意感叹道："都怪这息侯的夫人实在是太过美丽，让人把持不住啊！"

　　听了这话，楚文王果然对息侯的夫人生出几分兴趣。当晚，在庆功宴上，楚文王便状似不经意地对息侯说道："这么好的日子，怎么不让尊夫人也一同出来敬咱一杯啊？"

　　听到这话，息侯心里一咯噔，但又实在不敢拒绝，只好把息夫人给叫了出来，让她给楚文王敬了一杯酒。这楚文王本就是"醉翁之意不在酒"，只想看看息夫人是不是真如蔡侯所说的那般貌美。结果这一看不得了，简直犹如天仙下凡，当即便决定一定要将这佳人据为己有。

　　第二天，楚文王借着举行答谢宴的机会，提前设置好伏兵，一声令下之后，直接就把息侯给拿下了，并将息夫人据为己有，息国就此覆灭。

并战计

第二十五计
偷梁换柱

～ 谁才是真正的皇位继承人 ～

　　秦始皇是中国古代史上最伟大的皇帝之一，他统一了六国，让战乱不止的东周归于和平。但他焚书坑儒，大兴土木，也是一个真正的暴君。他统一六国后，就认为天下太平，自己所创立的秦朝也可以千秋万代。他认为自己还算年轻，身体也不算差，不必太早确立继承人。

　　既然没有立下继承人，那就说明他最看重的两个儿子胡亥和扶苏都有机会。围绕着秦始皇的两位皇子，形成了两个政治集团。一个是围绕在公子扶苏身边的蒙恬集团。蒙恬是秦朝名将，掌控着军事大权，拥有强大的武装力量。另一方是以胡亥为中心的赵高集团。他们距离秦始皇更近，擅长玩弄政治。

　　公子扶苏与他父亲不同，性情温柔仁慈，为人谦虚低调，深得百姓爱戴。秦始皇十分中意公子扶苏，想要让他成为继承人。为了给公子扶苏更多磨炼，他派遣公子扶苏到长城一带驻守。而胡亥年纪还小，就一直在秦始皇身边。

自古以来，父母总是对小儿子多一点儿偏爱，即便是始皇帝也不能例外。胡亥提出的要求，秦始皇一般都不会拒绝。太监赵高为人勤奋，精通律法，是个人才。于是，秦始皇就指派赵高做了胡亥的老师。赵高虽然有才能，但心地并不善良。成为胡亥的老师以后，他不仅不好好教胡亥，反而整天想办法讨好胡亥，把胡亥变成了一个只知道吃喝玩乐的纨绔子弟。

公元前210年，秦始皇第五次南巡。他带上了自己的心腹大臣李斯、赵高，和一直陪伴在身边的小儿子胡亥。天有不测风云，人有旦夕祸福。行至平原津的时候，秦始皇突然患上了重病，卧床不起。秦始皇赶紧召见李斯，说他要起草一份密诏，把皇位传给公子扶苏。

赵高作为秦始皇身边的太监，自然要掌控印绶，帮忙起草文书的。赵高与胡亥是一派，如果公子扶苏继承了皇位，他在胡亥身上下的功夫岂不是白费了？更何况，赵高为人奸诈狡猾，扶苏一直很不喜欢赵高。如果扶苏继承了皇位，赵高是一定没有好下场的。于是，赵高在起草完密诏以后，并没有按照密诏当中说的，把扶苏叫回咸阳，反而悄悄藏了起来。密诏写完没多久，秦始皇就去世了。

李斯作为秦始皇的心腹大臣，非常担心秦始皇去世的消息传出去以后，六国余孽会举兵造反，秦始皇的众多儿子也会因为争夺皇位互相征伐，导致天下大乱。于是，李斯封锁了秦始皇去世的消息，每天照常给秦始皇进献食物，百官依旧向车内秦始皇的尸体报告事情。秦始皇去世的消息，只有赵高、李斯和其他几个秦始皇信任的大臣知道。

赵高觉得想要让胡亥登上皇位，必须说服两个人，第一个是胡亥本人，第二个就是见证了一切，知道密诏内容的李斯。他先是找到了胡亥，劝说他鼓起勇气争夺皇位。随后，他又去劝说李斯。

李斯是当时秦朝朝堂之上最重要的大臣，秦始皇能统一六国，离不开李斯的汗马功劳。李斯出身贫寒，直到跟随秦始皇，才过上身居高位、享受荣华富贵的生活。如今，秦始皇去世了，李斯觉得自己没了依靠，生怕失去荣华富贵，重新去过儿时的贫苦生活。赵高深知李斯的弱点，就找到李斯，对他说："如今皇上已经驾崩，但这件事情并没有多少人知道。给扶苏的密诏还在我手里，让谁当皇帝，全凭丞相大人一言而决，您想要怎么办？"

李斯听出赵高的言外之意，马上拒绝赵高说："你怎么敢跟我说这种大逆不道的胡话？我出身低微，全凭陛下赏识才有今日。如今皇上把天下托付给了我，我绝不能辜负他。"

赵高见李斯不肯就范，决定直击李斯的要害，他说："丞相，不管是才能、功劳、领兵打仗，以及和扶苏之间的关系，你和蒙恬相比，谁更强一点儿？"

李斯沉默片刻，回答说："我不如蒙恬。"

赵高接着说："既然如此，扶苏继位以后，丞相的职位必然会落到蒙恬手中。你与蒙恬本是政敌，将来能有好结果吗？胡亥是个单纯善良的孩子，他才是最好的继承人。"

这番话说动了李斯，李斯和赵高合伙改动了秦始皇的密诏，把继承人从扶苏改成了胡亥。随后，他还伪造了一封密诏，以不忠不孝的罪名要求扶苏和蒙恬自杀。

扶苏是个老实人，接到诏书后痛哭流涕，马上就要找佩剑自杀。蒙恬深知秦始皇的为人，觉得这封诏书不像出自秦始皇之手。于是，他劝扶苏说："陛下出巡在外，太子的人选还没有确定下来，其他公子都在觊觎这个位置。陛下让你来做监军，和我一起守边，可见对你是非常信任的。今天突然有诏书要你自杀，这其中一定有诈。不如赶回咸阳，问个清楚再说。"

公子扶苏却不这样认为，他觉得父亲把他派到边疆来，就是不想让他继承皇位。如今胡亥成了太子，但年纪太小，难以服众。扶苏和蒙恬手中掌握着三十万大军，如果发难起来，胡亥根本抵挡不住。父亲一定是担心死后扶苏会与胡亥争皇位，这才让他自杀的。他一天不自杀，秦始皇就一天放心不下。于是，扶苏就拔剑自杀了。

就这样，赵高通过一招偷梁换柱，帮胡亥铲除了最大的竞争对手。从那以后，他通过控制胡亥掌控朝中大权，逐步逼死了蒙恬等大臣，杀死了秦始皇其他的子女。最终，在胡亥和赵高的残暴统治下，天下百姓揭竿而起，秦朝二世而亡。

❧ 杨玄感起兵反隋 ❧

杨玄感小时候总是表现出一副呆呆傻傻的样子，大家都认为他是个痴呆。只有杨素认为，自己的儿子绝对是个人才。事实正如杨素所料，杨玄感长大以后，身材魁梧，力大无穷，面容俊美，文武双全。因为父亲杨素的功劳，他很快就成了柱国，成为朝堂上的重臣。后来，杨玄感外放担任刺史，也干出了不少政绩。不管地方官员还是百姓，都称赞他。

杨素死后，杨广仍然没有停止对杨玄感一家的猜忌。而在杨广的残暴统治下，朝纲混乱，百姓生活得非常痛苦。杨玄感想要杀掉杨广的心思愈发强烈。有数次杨玄感都想要找机会杀死杨广，但他的叔叔杨慎劝说他，朝堂之上大多数官员还是向着杨广的，还不到动手的时候。

为了获得机会，杨玄感经常间接向杨广表示忠心。杨广渐渐认为杨玄感应该没有不臣之心，对他越来越信任。

公元 613 年，杨广再次组织第二次东征高句丽的行动，杨玄感被派去黎阳督运粮草，这对杨玄感来说是个千载难逢的好机会。杨玄感认为，高句丽那么遥远，只要自己尽量慢、尽量少地给杨广运送粮草，杨广在辽东作战自然不会顺利。于是，他借口水路上盗贼太多，导致粮草运送缓慢，给远在辽东的杨广带来许多阻碍。

杨广在辽东过得不顺利，杨玄感自然就有机会组织自己的事情了。但是，杨玄感没有军功，在军队中威望不高，很难号召各路军队和他一起造反。为了组织起一支听话的军队，他打算利用偷梁换柱的办法，骗一支军队来。

隋朝大将来护儿此时正从海上进攻高句丽，杨玄感找了个人，假扮杨广从辽东派回来的使者，说来护儿因为延误了战机，打算造反。于是，杨玄感就以讨伐来护儿为名，从附近各州调派士兵，发动起义。在杨玄感勤王讨贼的号召下，很快他就有了一万士兵。这个时候，他才露出自己的真面目，征讨远在辽东的来护儿不是他的目的，攻打洛阳才是。

洛阳是隋朝的东都，文武百官的家眷都在洛阳。如果杨玄感能攻下洛阳，就有逼迫文武百官屈服的筹码。但是，洛阳如此重要的地方，又怎么可能是好攻打的呢？洛阳城墙高大坚固，又有重兵把守。只要不能发动突然袭击，一鼓而下，凭借杨玄感的一万人是不可能成功的。镇守洛阳的杨侗和樊子盖早就知道了杨玄感造反的事情，马上调集士兵防守洛阳。

由于杨广多年来横征暴敛，百姓早就承受不住沉重的兵役、徭役和赋税了。因此，杨玄感的队伍一路上飞快壮大，抵达洛阳的时候居然已经有了十几万人。杨玄感为了鼓舞队伍的士气，在洛阳城下发誓，说自己位高权重，家中也不缺金银财宝。起兵造反，完全是因为想要拯救天下百姓，没有其他的想法。这番话非常合理，投靠他的百姓越来越多。

杨广在辽东得知杨玄感反叛以后，大惊失色，连忙派出几路兵马回救洛阳。杨玄感虽然有十几万人，但这些都是百姓，并非训练有素的士兵，最后还是兵败，让自己的弟弟杨积善杀死了自己。

杨玄感最终功败垂成，但他能从无到有，拉起一支十几万人的队伍，这样的能力也是非常惊人的。可见，偷梁换柱这一计使用得当，能有多么惊人的力量。

第二十六计
指桑骂槐

妙计破译

强大的一方驾驭弱小一方的时候，要通过警戒的方法诱导弱小的一方去做事。统帅刚强中正就会上下相应，行走在危险的地方也会顺利。

❧ 狄仁杰巧谏唐高宗 ❧

唐高宗仪凤元年（676），武卫大将军权善无意中把昭陵内的柏树给砍了，这昭陵可是唐太宗李世民和文德皇后长孙氏合葬的陵墓，其中的一草一木都意义非凡。唐高宗知道这件事后非常生气，下令要把权善处死，以抵偿他惊扰先皇的罪过。

其实，按照当时的法令，权善犯下的罪过并不需要罚得这么严重，罢黜官职也就差不多了。因此，当时任大理寺丞的狄仁杰便站出来，上奏唐高宗说："按照法令，权善罪不至死，应该免除他的官职。"

唐高宗非常生气，大怒道："他冒犯了先皇和先皇后，将他们陵墓上的树砍了，惊扰了先皇与先皇后的安眠，害得我背上不孝的罪名，简直罪大恶极，难道还不该死吗？"

看到皇帝生气，和狄仁杰关系比较好的大臣都纷纷向他使眼色，让他乖乖听话，别去找不痛快。可狄仁杰这个人呢，性情刚直不阿，要让他不说话，选择妥协，那简直比登天还难。于是，面对暴怒的唐高宗，狄仁杰依然没有退缩，而是继续说道："臣曾经听人说，劝谏君王，自古以来就是个高危职业，一不小心就会因惹怒君王而丢失性命。可臣却不这样认为，因为这主要还得看君王。比如遇到像夏桀、商纣那样的暴君，那劝谏这个事情，的确非常危险，也非常困难；可如果遇到的是像尧、舜那样的明君，那么事情就简单多了。今天，臣非常幸运，遇到的是像尧、舜那样的君主。既然如此，那么不管臣说什么，相信都不会像比干那样，被暴君所杀。所以，臣今天敢站出来直言劝谏。"

话都说到这份上了，唐高宗哪怕再生气，也不可能叫人把狄仁杰拖下去砍了，否则自己不就成了和桀、纣一样的暴君了吗？而且，听到狄仁杰拐着弯地夸自己是像尧、舜一样的明君，唐高宗心里确实比较受用，脸色缓和了一些。

狄仁杰接着说道："想当初，汉文帝时期，有人曾将高庙的玉环偷盗走了，汉文帝非常生气，要将其诛九族，但张释之站出来，据法以争，按照法律判处了那个小偷弃市之刑。魏文帝统治时期，文帝曹丕曾不顾众臣反对，一意孤行地想从冀州迁徙士家十万户到洛阳，侍中辛毗坚决反对，据理力争，终于让魏文帝改变主意，最终只迁了五万户。由此可见，圣明的君主都

是可以用道理去说服他们的，一个忠心的臣子，绝对不能因为惧怕君王的威严就不敢说话。如果今天，我不能让皇上采纳我的意见，那么等我死了以后，必然没脸去见张释之和辛毗这样的忠直之臣。"

说到这里，狄仁杰朝着唐高宗拜了一拜，继续说道："按照法律，权善所犯的罪过，是不该判处死刑的，但皇上却非要杀了他。如果今日皇上这么做了，那么必然会削弱法律的权威性，让百姓不再相信法律。当初张释之在劝阻汉文帝时曾说过：'如果盗窃宗庙器物就要诛九族，那么假如以后有人偷盗了长陵的一抔土，皇上又要怎样去处置呢？'如今也是这样。若皇上因为将军砍了昭陵的一棵柏树就要将他杀死，那么到千百年之后，人们又会如何来评价这件事情呢？臣之所以反对皇上处死权善，并不是在为他求情，而是唯恐这个决定有损皇上的威名，让世人误会皇上啊！"

听到这里，唐高宗的怒火已经消减了许多，便下令让人放了大将军权善，赦免了他的罪过。不久之后，唐高宗又提拔狄仁杰做了侍御史。就这样，狄仁杰旁敲侧击地用一招指桑骂槐，成功救下了权善的性命。

阿丑献戏

东厂和锦衣卫是明朝皇帝监督天下、控制大臣的部门。到了明宪宗时期，东厂已经存在了五十多年了。这样一个老牌官方机构，也难免失去了原本的进取之心，逐渐官僚化，办事效率越来越低下。明宪宗对东厂十分不满，于是就命令手下的太监汪直成立了一个职责几乎与东厂一模一样的西厂，直接听命于明宪宗。作为自己一手创办的特务机构，明宪宗给了西厂许多权力，西厂拥有自己的监狱和审判机构，不管逮捕官员，还是审讯大臣，都有先抓捕、处理，后报告皇帝的特权。

既然西厂掌控了如此惊人的权力，西厂负责人汪直自然是权势滔天，为所欲为，贪污受贿，排除异己，无恶不作。只要有人敢说汪直一句坏话，就可能会被抓进西厂，折磨致死。

有一个小太监，名叫阿丑，擅长编排、表演滑稽戏剧。他的演技极好，不管演官员还是演百姓，不管演农夫还是演书生，都惟妙惟肖。

有一天，阿丑为明宪宗表演，他扮演了一个醉鬼，借着酒劲到处胡闹，口中污言秽语不断。另一个演员想要制止他胡闹，就吓唬他说："大官来了！"没想到，阿丑扮演的醉鬼对所谓的大官不屑一顾，满不在乎地继续胡闹，四处叫骂。另一个演员又说："皇上驾到！"阿丑微微一愣，随后又故态复萌，继续撒酒疯。最后，另一个演员喊道："汪直汪大人来了！"阿丑扮演的醉鬼马上做出一副害怕的表情，不敢撒酒疯，也不敢骂人了。

有人问他说："他刚才说皇上驾到，你都不害怕，为什么这么害怕汪直呢？"阿丑说："我只知道有汪太监，哪里还知道有当朝天子。"

明宪宗看了这出戏后，马上就明白阿丑想要告诉他什么。于是，他开始疏远汪直，最后把汪直查办了。

汪直落马后，他的党羽王钺、陈钺仍大权在握。于是，阿丑就又编了一出戏剧，用来指桑骂槐，警醒明宪宗。在这出戏剧里，阿丑扮演汪直，他拿着两把斧子，脚步不稳地快步疾行。有演员问他走路都走不稳了，为什么还要拿着两把斧子，他说："我带兵打仗，全靠这两把斧钺。没有这两把斧钺，我还打什么仗？"没多久，王钺和陈钺就遭到了严查，也相继被罢免。

将军朱永能征善战，立下赫赫军功，被封为保国公，是明朝中期非常重要的将领。手中掌管着十二营官兵，堪称朝中风头最盛的官员。

朱永想要给自己建一座府邸，但招募工人、匠人，要花费不少工钱。

朱永一想，自己手头还掌控着十二营的官兵呢，如果能利用起来，岂不是能省下招募工人、匠人的钱？于是，他就抽调士兵，为他自己修建府邸。阿丑知道这件事情后，就又排了一出戏剧。

在戏剧当中，阿丑扮演一个书生。书生要吟诵诗歌。于是，他大声地说："六千兵散楚歌声……"这是一首唐朝诗人胡曾创作的七言绝句，全诗是："争帝图王势已倾，八千兵散楚歌声。乌江不是无船渡，耻向东吴再起兵。"其中的八千兵，指的是西楚霸王项羽率领的八千江东子弟。阿丑吟诵的一句"六千兵散楚歌声"，显然是错的。于是，和他演对手戏的演员就对他说："错了错了，是八千兵散楚歌声。"

阿丑扮演的书生表现得很不服气，大声说："哪里是八千，明明就是六千。"于是，两个演员就因为到底是八千还是六千争论了起来。争论了一会儿，阿丑扮演的书生终于说出了"六千兵"的原因："难道你还不知道？另外那两千兵啊，正在给保国公盖房子呢。"

明宪宗听阿丑这样说，就派出太监尚明去查是否真有这件事情。朱永吓坏了，赶紧让那些给他盖房子的官兵回到军营，并且拿出许多金银贿赂尚明。尚明拿了朱永的钱，自然不会把真相告诉明宪宗，这才让朱永逃过一劫。

阿丑在史书当中并没有一个完整的名字，对他的记录也只有"阿丑"这个代号。但是，从他能改编戏剧，明白历史典故，把指桑骂槐利用得淋漓尽致，可以看出他是个有文化修养、头脑聪明灵活的人。利用演戏给皇帝看的机会，嬉笑怒骂，经常给皇帝警示。

第二十七计
假痴不癫

妙计破译

宁可假装什么都不知道而不行动，也不要假装自己知道而轻举妄动。以退为进，后发制人，动心忍性，出其不意，一击制胜。

❧ 谁是当世大英雄 ❧

东汉末年，天下大乱，董卓废立天子，各路诸侯群起而攻之。讨伐董卓以后，诸侯就开始在中原大地各自为战，争夺天下。在各路诸侯中，有两个英雄表现得格外突出。一个是胸怀大志、一心想要统一天下的曹操。另一个是皇室宗亲、为人谦虚低调的刘备。曹操战胜了吕布，有了一定的势力，但刘备仍没有属于自己的地盘，只能不断依附其他人。即便刘备流离失所，寄人篱下，但曹操还是看透了刘备，认为刘备是个值得提防的英雄。

刘备知道曹操头脑聪明，有识人之明，如果自己不表现得平庸一些，恐怕就要遭了曹操的毒手。于是，在曹操麾下的日子里，刘备开辟了一块小菜园，终日在菜园当中侍弄蔬菜。刘备的行为让曹操放下了一些戒心，但曹操还是决定要试探一下刘备，看看刘备将来是否会成为自己的心腹大患。

有一天，刘备英勇善战的两个结义兄弟，关羽和张飞都不在，刘备一个人在菜园里浇水。曹操派许褚和张辽这两员大将，到刘备的菜园请刘备来饮酒。刘备听到曹操邀请他，马上就感觉到了危险。但许褚和张辽武艺都非常高强，想要不去也是不可能的。他只好一边跟着许褚、张辽，前往曹操府邸，一边思索对策。

曹操刚一见到刘备，就笑着问刘备说："刘使君，你在家里可是做了一些大事啊。"刘备听了曹操的话，还以为是自己胸怀天下，想要匡扶汉室的想法被曹操察觉了，吓出了一身冷汗，但他又一观察，发现曹操的笑容不像是假的，这才回答说："哪里有什么大事可干，不过就是在菜园里侍弄蔬菜罢了。"曹操为表示热情，上前拉住刘备的手说："刘使君学种菜，也不容易，这也是大事。"

刘备心里悬着的石头这才落地，回答曹操说："反正也没什么事情做，权当是消磨时间了。"

曹操对刘备说出了自己的意图："刚才看见枝头的梅子青青的，很好看，忽然想到去年征伐张绣的时候，将士们

都没有水喝。我心生一计，用鞭子指着前方，告诉他们前方有一片梅林。将士们听说前方有梅林，口中都生出了口水，缓解了口渴。今天又看见梅子，不欣赏可不行。刚好我这酒也要煮好了，就邀请你前来小亭里一会儿。"

两人来到小亭，桌子上摆好了一盘青梅，酒也煮好了。两人对坐而饮，气氛十分愉快。就在此时，天边突然出现了一片乌云，没一会儿就下起了阵雨。远处乌云翻滚，好像有龙在云中游荡。曹操和刘备就站起来，扶着栅栏观看。

曹操问刘备："刘使君可知道龙的变化？"

刘备说："知道得不很清楚。"

曹操说："龙能大能小，能吞云吐雾，也能把自己隐藏起来。升上天空时能直上宇宙，隐藏自己时能藏到海洋的波涛之中。龙，就好像当世英雄一样。玄德你也算是游历过天下的人，必然是知道这天下有谁是英雄的。"

刘备谦虚说："我不过是肉眼凡胎，哪里看得出谁是英雄。"

曹操说："刘使君也别谦虚了，就说说吧。"

刘备此时已经明白，曹操还是不信任他，打算借谈论天下英雄这件事情试探他。不说，肯定是心里有鬼，只能先说，试探一下曹操的态度。于是，他开口试探曹操："淮南袁术，兵精粮足，算是英雄吧？"

曹操笑着说："袁术不过是坟墓里的一把枯骨而已，我迟早会抓住他。"

刘备又说："河北的袁绍，四世三公，许多官员都是他们家门下的故人。如今盘踞在河北地区，麾下能人不计其数，算不算英雄呢？"

曹操还是笑着说："袁绍表面厉害，胆子却小，想得多，做得少。让他干大事，他怕死。而有一点儿小利益，他就连性命都忘记了。袁绍，算不得英雄。"

刘备说:"荆襄八俊,威震九州的刘表算英雄吗?"

曹操说:"刘表不过虚有其名,算不得英雄。"

刘备又说:"血气方刚,统领江东的孙策算英雄吗?"

曹操说:"孙策不过是靠着他父亲的名望而已,不算英雄。"

接着,刘备又举出在诸侯之中很有名望的刘璋,也被曹操否定了。剩下的那些张绣、张鲁、韩遂等人,在曹操眼中不过是些碌碌无为的小人,更加不是英雄了。

刘备实在想不出,曹操就告诉刘备说:"英雄,就应该胸怀大志,雄才伟略,有包藏宇宙之机,吞吐天地之志。"

刘备装作好奇的样子,问曹操:"那这天下有谁能被称为英雄呢?"

曹操用手指了一下刘备,又转而指着自己说:"如今这天下能被

称为英雄的人，只有你我二人而已。"

刘备被曹操戳穿心事，吓得手一哆嗦，筷子掉在了地上。正巧，天上打响了一声惊雷。刘备俯下身去捡筷子，一边捡一边说："这雷声真大，把我手上的筷子都吓掉了。"

曹操笑着说："男子汉大丈夫，还怕打雷？"

刘备一本正经地告诉曹操："古代的圣人听到刮风打雷，脸上也要变色，我怎么就能不害怕呢？"

就这样，曹操对刘备放下心来，认为刘备不过是个连打雷都害怕的胆小鬼，干不成什么大事。而刘备呢，就借着曹操对他放下警惕的机会，逃出了曹操的掌控，成就了一番伟业。

司马懿装痴

魏明帝曹叡驾崩，太子曹芳继位。但曹芳年纪太小，曹叡就在临死前任命司马懿和曹爽作为辅政大臣，帮助曹芳治理朝政。两人在最开始的几年里还是能合作无间、一心为国的，但时间长了就开始争权夺势。曹爽仗着自己是皇室宗亲，不断收拢权柄，在紧要位置上安插亲信，扩大自己的影响力。试图把司马懿排挤出权力中心，达到独揽大权的目的。

司马懿在身份上不如曹爽，下手把持朝政又晚了一步，与曹爽针锋相对显然是要吃亏的。于是，司马懿开始装病，麻痹曹爽。司马懿不理朝政，曹爽手中的权势就越来越大，凡事都由他一言而决，就连皇帝的权势都比不上曹爽。

曹爽此时已经是一人之下，万人之上了，他还是不满足。但想要更进一步，司马懿是绕不开的一道墙。司马懿深沉聪慧，智计百出，曹爽很害怕他。为了保证万无一失，他决定试探一下司马懿是不是真的生病了。

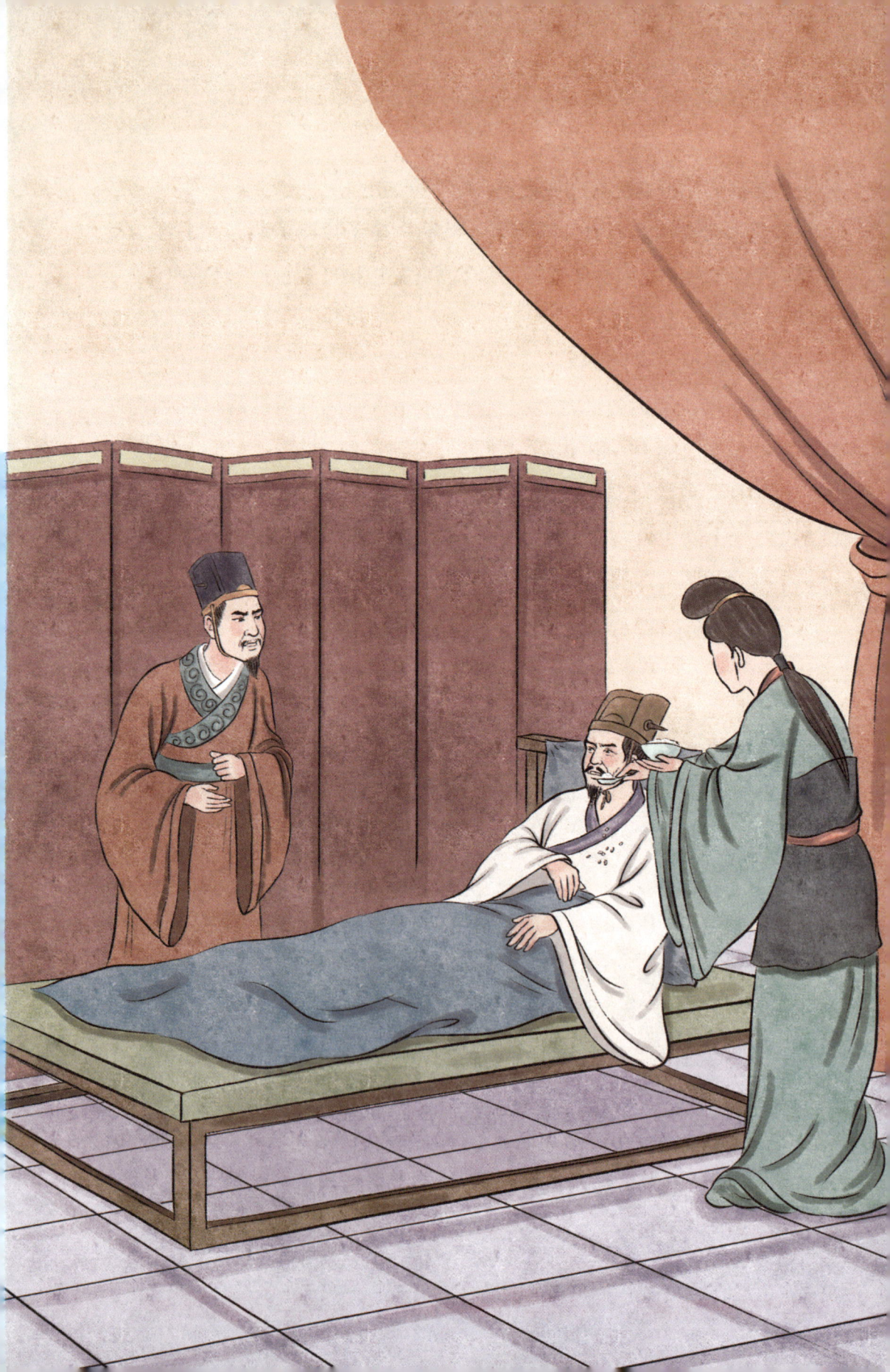

　　曹爽的亲信李胜即将去荆州任职，正好可以借着向司马懿告别的机会，去观察一下司马懿。司马懿对李胜的目的心知肚明，等李胜来了，他就假装自己连生活都难以自理。侍女给他递衣服，他就哆哆嗦嗦地把衣服掉在地上。侍女给他喂饭，他就边吃边从嘴边漏下许多饭来。李胜看着司马懿的样子，认为司马懿的身体已经很差了，又开始和司马懿说话，试探司马懿的神志是否清楚。司马懿在和李胜交谈的时候，一直把李胜要去的地方说错，把荆州说成并州。荆州与并州，一在南，一在北，正常人是绝对不会弄错的。司马懿一会儿说自己耳朵听不清楚，一会儿说自己记错了，把一个神志不清的老人扮演得非常形象。

　　李胜把司马懿的情况告诉了曹爽，曹爽就对司马懿放下心来，更加肆意妄为。第二年，出城祭拜魏明帝的时候，掌控朝政和禁军的曹爽两兄弟居然和皇帝曹芳一起离开了洛阳。这样的好机会司马懿怎么可能不抓住，他找到与曹爽关系不和的郭太后，表示曹爽兄弟祸乱朝纲，以权谋私，希望太后能告诉天子，夺了曹爽的兵权。随后，他和自己的心腹蒋济关闭了洛阳城门，把曹爽关在了洛阳之外。

　　曹爽知道郭太后弹劾自己的消息后，顿时慌了手脚，马上安营扎寨，召集周边地区的几千名士兵来保护自己。大司农桓范逃出洛阳，劝说曹爽带着皇帝曹芳回许都，号召天下所有官员，起兵讨伐司马懿。曹爽表现得十分犹豫，似乎狠不下心与司马懿摆开阵势，进行交战。

　　这个举动让司马懿察觉到曹爽没有激烈反击的打算，就派人劝说曹爽，司马懿不会要他的性命，只要交出兵权，就可以让他安享富贵。曹爽想了许久，最后决定答应司马懿，交出兵权。曹爽交出兵权后，就被抓回洛阳，软禁在自己家里。而司马懿则开始收集曹爽的罪状，最终以意图谋反的罪名，彻底铲除了曹爽和其党羽。

第二十八计
上屋抽梯

妙计破译

故意给敌人一些方便，或者露出一些破绽，引导敌人深入我方腹地，通过包围切断敌人的补给和后援，再将敌人消灭。

∽ 刘琦抽梯求孔明 ∽

刘备来到荆州后，刘琦就与刘备交好。刘备麾下的军师诸葛亮很有才华，刘琦害怕自己被蔡夫人所害，就打算向诸葛亮请教脱身的办法。诸葛亮聪明不假，但诸葛亮是刘备的军师，不是刘琦的军师。此时，刘备寄人篱下，诸葛亮贸然参与进刘琦与刘琮的斗争当中，为刘琦出主意，必然会引起刘琮一方不悦。因此，刘琦数次求教诸葛亮，诸葛亮都顾左右而言他，根本没有帮刘琦出谋划策的打算。刘琦察觉到了诸葛亮的心思，就不再强求，打算设下一计，来算计一下聪明的诸葛亮。

一天，刘琦请诸葛亮到他家里做客。在酒席之上，刘琦又向诸葛亮提出了请求，希望诸葛亮能帮他出个主意，诸葛亮再一次告诉刘琦，这是他们的家事，他作为一个外人，实在不好插手。刘琦又再三恳求诸葛亮，诸葛亮还是拒绝了。刘琦就告诉诸葛亮说，楼上有一部非常珍稀的古籍，不知道他有没有兴趣看看。诸葛亮爱书成痴，一听说有珍稀的古籍可以看，哪里有不答应的道理。他马上就答应了刘琦，拉着刘琦的手来到了刘琦所说的地方。

诸葛亮爬上楼梯后，四处张望了一番，并没有看到什么古籍。回头想要询问刘琦的时候，却发现刘琦已经让人把梯子拿走了。接着，刘琦跪在地上，告诉诸葛亮说，自己根本就没有什么古籍。之所以这样说，是因为自己性命堪忧，求诸葛亮给他出个主意。诸葛亮被刘琦骗了，自然很不高兴。但眼下梯子已经被抽走了，想要下楼都没办法。

刘琦又对诸葛亮说："先生，我知道您担心帮我的事情被人说出去。今天在这里，就只有你我二人。你所说的话，也只会进入我一个人的耳朵里，不会再有第三个人知道，请您赐教吧。"诸葛亮实在是没有办法，就给刘琦讲了一个故事。

春秋时期，晋国晋献公有好几个儿子，申生早早就被立为太子，他经常外出统兵作战，虽然才华不算非常出众，但也深得百姓拥护。但是晋献公宠爱骊姬，骊姬一直劝说晋献公立自己的儿子奚齐做太子，最后申生被派出国都，到曲沃去了。晋献公的另一个儿子重耳，也被派了出去，到蒲城做官。

只有骊姬和奚齐整天在晋献公眼前，

久而久之，晋献公逐渐有了废掉申生的想法。后来，晋献公某次居然说出"我有好几个儿子，还不知道立谁当太子呢？"这样的话，申生听到了十分惊恐。

没多久，骊姬就打算对申生动手。她假意让申生去祭拜母亲，并且告诉申生把祭拜母亲用的肉拿回来献给晋献公。等到申生把肉送回来，骊姬就提前在肉里下毒。晋献公要吃肉的时候，骊姬就说，这肉是从远道而来的，不如先试试有没有毒。结果给狗吃，狗被毒死了。给太监吃，太监也被毒死了。骊姬就装出可怜的样子，说申生给晋献公下毒，完全是因为他们母子，为了申生和晋献公的父子情，她们母子愿意自杀。申生听到这件事情以后，想要逃走，但还没走远，就失去希望，上吊自杀了。

晋献公病逝后，奚齐成为国君。但奚齐年纪还小，骊姬也没有驾驭大臣的能力。没多久，朝堂之上就发生了叛乱，骊姬和奚齐都被杀死了，而重耳的兄弟夷吾又成了新的国君。

重耳在外流亡了十九年，晋国也混乱了十九年。直到重耳回到晋国，成为晋文公，晋国才又逐渐强大了起来。

诸葛亮讲的故事，重点在于重耳逃离骊姬母子迫害的办法。当势力不如别人的时候，距离越近，死得越快。只有躲得远远的，才能活命。刘琦听完了故事，马上就领会到了这一点。隔天刘琦就上书刘表，希望自己能去江夏驻守，防范东吴进犯。刘琦离蔡夫人远远的，让蔡夫人没有陷害他的机会，这才算躲过一劫。

背水摆战阵

魏国人陈馀曾经受过赵国的恩惠。秦统一天下后，他就一心想要恢复赵国。他和自己忘年交的好朋友张耳，先是投奔了在大泽乡起义的陈胜，后来在起义军分裂以后，就开始着手重建赵国。经过艰苦的南征北战，陈馀和张耳终于打下了自己的地盘，项羽也听说张耳很有才能，就把赵国的土地分给了张耳。这件事情让陈馀很不愉快，他认为项羽不公平，自己明明也立下了功劳，为什么把封地给了张耳。再加上之前张耳夺取了他的兵权，他与张耳反目成仇。

张耳与陈馀兵戈相见，张耳打不过陈馀，赵国所有的土地就都回到了陈馀的手中。失败的张耳，逃到了刘邦麾下。当刘邦想要征讨项羽，想要陈馀帮忙的时候，陈馀提出的条件就是杀了张耳。刘邦认为张耳是个有才华的人，就找了个很像张耳的人杀了。这件事情被陈馀察觉后，就决定背叛刘邦。于是，韩信就带着张耳，一起去讨伐陈馀。

韩信率领大军屯驻在赵国的井陉口，过去赵国名将李牧的孙子李左车就在陈馀麾下做谋士，他观察了地形以后，告诉陈馀说："韩信大军所处的地方并不好，我们只需要率领大军堵住正面，派另一支军队从背后截断他的补给，韩信就会不战而退。"

陈馀并没有听李左车的话，因为此时赵国军力非常强大，军队数量远比汉军多。春秋战国时期，赵国一度是最强大的国家之一。陈馀认为自己根本不必耍什么花招，只要与韩信正面交锋，击败韩信就行了。

韩信也知道自己的兵力不如陈馀多，为了激发将士战死的决心，他亲自率军在井陉口三十里外的地方安营扎寨。其中一万士兵的营寨背着大河，排成一字形引诱赵军前来攻打。另外，韩信又派了两千骑兵，在夜里悄悄地绕到了赵军军营背后，准备趁着第二天赵军倾巢而出的时候，前往赵军军营，换成汉军的旗帜。

赵军的斥候前去汉军的军营查探，回来就把韩信背着河水修建军营的事情告诉了陈馀。陈馀哈哈大笑，说道："还以为韩信是什么了不得的名将，居然如此愚蠢，犯下了背水扎营的兵家大忌。这一战，赵军必胜。"

第二天，天一亮韩信就率领大军出发，来到赵军的军营前击鼓叫战。陈馀见韩信主动出击，正中下怀，马上就率领己方大军与汉军战成一团。交战双方人数都非常多，即便赵军有优势，但一时半会儿也难以分出胜负。就在这个时候，韩信事先埋伏下的两千骑兵按时进行了计划。骑兵冲入赵军的大营后，发现营中的情况果然如韩信所说，空无一人。于是，骑兵们拿出事先准备好的汉旗，挂在了赵军的军营之中。

韩信见战事焦灼，双方难分高下，就告诉亲信假装败退，退到河边的营地，与背水扎营的一万士兵会合。陈馀见汉军逐步撤退，就告诉士兵穷追不舍。毕竟靠着河水，赵军占据优势。甚至不需要战胜对手，只需要利用优势把汉军推入河中就能获胜了。

没想到，汉军此时已经无路可退，只要有一点儿怯懦，就会被赵军推入河中淹死。因此，汉军激发出了强大的战斗力，人人奋勇争先，生怕被推入河水之中。在这样的情况下，汉军不仅没有被赵军推入河水中，反而一步步地把赵军逼退了。

赵军打不过士气空前高涨的汉军，只能撤退，回到军营再做打算。没想到，来到军营前却发现军营之中不见赵军的旗帜，只有汉军的旗帜。赵军本身就已经疲惫不堪，士气低落，此时看见军营里都是汉军的旗帜，根本无暇思考，只想着自己的军营已经被汉军占领了。军营被汉军占领，背后还有汉军追赶，赵军觉得已经走投无路，军心开始涣散，士兵没有抵抗的意志了，要么逃跑，要么束手就擒。陈馀在乱军之中被杀，李左车被韩信擒获。

被抓获以后，李左车问韩信："你为什么要甘冒兵家大忌，背水结阵呢？"韩信有心让李左车加入刘邦麾下，一边给李左车松绑一边说："汉军兵力不如赵军，只有把他们置于死地，他们才能为了求生而拼命，这就是兵书上所说的'置之死地而后生'。"

第二十九计
树上开花

妙计破译

借助某种手段，布置出一种对自己有利的阵势。只要阵势布好了，即便自己的兵力很弱小，也可以让别人觉得很强大。鸿雁飞到山头，其羽毛可用作文舞的道具，此为吉兆。

❥ 楚幽王身世之谜 ❧

楚考烈王没有孩子，这件事情让春申君很是忧虑。国君后继无人，国家必然动荡。为了国家稳定，也为了重新找回楚考烈王的信任，他进献了许多女子给楚考烈王，希望她们能为楚考烈王生下一儿半女。春申君的想法始终没能成功，这些女子没有哪一个为楚考烈王生下一儿半女。

赵国人李园带着自己的妹妹李嫣来到楚国，想要把李嫣献给楚王。一旦李嫣为楚王生下儿子，必然得到恩宠。这个孩子也能继承楚国的王位，李家就算是飞黄腾达了。当李园抵达楚国，详细打听了楚王的事情后，觉得生不出孩子的问题很有可能出在楚考烈王身上。那么，把自己的妹妹献给楚考烈王，也不能生下孩子，不可能得到楚王长期的宠幸。于是，李园就把目标放在了春申君身上。

李园故意接近春申君，做了春申君的侍从。有一次，他请假回家，故意晚一些回来。春申君问他迟到的原因，李园就说："齐王派了使臣来，希望能娶我的妹妹李嫣。我一直在招待使臣，陪使臣喝酒，这才耽误了回来的时间。"

春申君听到李园这样说，非常震惊。李园的妹妹一定是个了不起的美人，否则齐王怎么会派使臣前来求娶呢？于是，他对李园说："使臣带了聘礼来吗？"李园回答说："没有。"春申君听到没有带礼物来后就明白，事情还没确定下来，又对李园说："那能让我看看你妹妹吗？"李园答应了下来。几天以后，李园把妹妹李嫣带来，果然貌若天仙。李园表示愿意把妹妹献给春申君，春申君马上就接纳了，并对李嫣非常宠幸。

一段时间后，李嫣怀孕了，李园就和妹妹商量，打算进行下一步计划。李嫣找到春申君说："楚王对您非常尊重，非常信任，甚至胜过自己的兄弟。您担任楚国宰相，到今天已经二十多年了。但是，楚王没有儿子，将来继位的会是楚王的兄弟。楚王的兄弟继位，必然会任用自己的亲信，他们就会逐渐显贵起来，您恐怕不能得到长久的宠信。此外，您在担任宰相的时候，难免会有很多对楚王兄弟们失礼的地方。如果楚王的兄弟成为新的国君，恐怕将会有灾祸降临到您的头上。到时候不仅宰相的地位保不住，江东属于您的封地恐怕也不再属于您了。如今我已经有了身孕，但是只有你我知道。我得到您宠幸的时间也很短，如果您愿意把我献给楚王，楚王一定会接纳我、宠幸我。假如上天保佑，我肚子里的是个儿子，将来成了楚王，那就是您的儿子成了楚王，楚国也就是您的了。成为楚国的统治者和遭遇灾祸比，哪个更好呢？"

春申君觉得李嫣这番话实在是太有道理了，于是就把李嫣献给了楚考烈王。楚考烈王果然如李嫣所说，接纳了她，对她很是宠幸。一段时间后，李嫣幸运地生下了一个儿子，这个孩子马上就被立为太子，李嫣也就成了王后。李园也因为是李嫣的哥哥，得到了楚王器重，开始参与朝政。虽说知道这个孩子是春申君孩子的人不多，但李园还是很担心，万一哪一天春申君说漏了嘴可怎么办。于是，他就暗中培养了一些刺客，打算杀掉春申君灭口。

楚考烈王病重的时候，春申君的门客朱英对他说："世界上有不期而至的福，有不期而至的祸。如今您正处在生死无常的世上，侍奉喜怒无常的君主，又怎么能缺了不期而至的人呢？"

这番话让春申君十分好奇，他问朱英："不期而至的福是什么？"

朱英回答说："您担任楚国的宰相，名义上是宰相，但实际上政令都是出自您手，跟楚王也没什么区别。如今楚王病重，就快死了，您辅佐年幼的国君，就好像古时的伊尹、周公一样，掌控国家大权。等到君王长大，再

把权力还给他，这不就跟当上楚王一样吗？这就是不期而至的福。"

春申君又问："那不期而至的祸又是什么呢？"

朱英回答说："李园不能执掌朝政，就会把您当成敌人。他不管军事，但在家中养了许多刺客，楚王过世的时候，李园为了争夺政权，一定会杀您灭口，这就是不期而至的祸。"

春申君又问："那不期而至的人又是谁呢？"

朱英说："您可以安排我做郎中，等到楚王过世，李园必定会抢先一步进入王宫，我替您杀掉李园。我就是那个不期而至的人。"

春申君听了，告诉朱英说："你还是放弃这个想法吧。李园是个软弱的人，我对他也不错，事情不会发展到这一步的。"春申君不相信朱英的话，朱英觉得春申君死定了。为了不被牵连，他就逃走了。

事情果然如朱英所料，楚考烈王一去世，李园就进入王宫，提前埋伏下了刺客。春申君在进入王宫的时候被刺杀，随后春申君被满门抄斩。春申君与李嫣的那个儿子，就是后来的楚幽王。

❧ 张飞大战长坂坡 ❧

曹操闻知荆州刘表死讯后，急忙挥师南下，直逼荆州，荆州新主刘琮望风而降。此时寄身在荆州的刘备羽翼未丰，他权衡再三，舍诸葛亮所献夺取荆州的上策，而取下策，决定败走江陵。

刘备在荆州颇有贤名，百姓和刘琮麾下的许多官兵都很拥护他。而曹操在徐州屠过城，名声不太好。许多百姓都想要跟刘备一起离开荆州，人数多达十几万。有人劝说刘备抛弃百姓，轻兵而行，刘备则说："想要做大事就必须以人为本，如今这些人归顺于我，我怎么忍心弃他们而去呢？"于是，刘备就带着十几万百姓慢慢南行，一天只能走十几里路。

曹操得知刘备带着荆州百姓去往江陵，赶紧派出五千精锐骑兵去追击刘备。行到当阳附近，曹军就看见了刘备的队伍。刘备的队伍虽然有十几万人，但实际上士兵数量极少，大多都是平民百姓，根本敌不过曹操的五千骑兵，很快就被击溃了。刘备的队伍乱成一团，刘备带着张飞、诸葛亮、赵云等十几人趁乱逃走，没走多远，赵云又不见了。

有人对刘备说，他看见赵云骑着马往北方走了，一定是去投降曹操了。刘备听了很生气，拿起一枝短戟打了那个人几下，说："子龙一定不会抛弃我逃走的。"说完，就命令张飞去当阳桥断后。张飞作战勇猛，粗中有细，带着二十几个骑兵就前去断后了。

赵云向北走，不是想要投降曹操，而是因为在混乱当中，刘备的妻子、儿子、女儿都走丢了。赵云杀回曹操的大军，就是为了去找他们。可惜，赵云最后没有找回刘备的两个女儿，回来的时候怀里抱着刘备的儿子刘禅，保护着甘夫人回到了刘备的队伍中。

　　张飞带着二十多名骑兵到了当阳桥，打算奉命断后。但曹操的骑兵有五千人，张飞只有二十多人。双方实力相差悬殊，正面作战，张飞一行是不可能获胜的。于是，张飞想出一招树上开花的计谋。

　　他命令士兵前往附近的树林中，砍下树枝，拴好战马，把树枝绑在马的后面。只要骑兵用马鞭抽打战马，战马就会胡乱踢腾，树枝也会上下乱跳。树枝在地面上拍打，扬起大量尘土，从远处看，就好像树林当中有许多士兵一样。

　　张飞独自一人，手持长矛，站在当阳桥上。见曹军过来，就瞪起眼睛，露出愤怒的眼神，大声吼道："吾乃燕人张翼德也，谁敢与我决一死战！"曹军见张飞气势逼人，后面的树林里又有许多的扬尘，担心中了刘备的埋伏。进又不能进，只能慢慢退兵。刘备等人正是靠着张飞的树上开花之计，才逃过劫难，有了在蜀地东山再起的机会。

第三十计
反客为主

妙计破译

　　找准时机，插足进去，掌控对方的关键、要害。这个过程不可操之过急，要循序渐进。

❧ 郭子仪退兵 ❧

　　唐朝时期，异族大将仆固怀恩被宦官诬告谋反，一怒之下举兵造反。他联络了回纥、吐蕃、吐谷浑等周边少数民族，点起三十万兵马，兵分三路攻打长安。唐代宗马上做出反应，派遣七路官兵迎战。老将郭子仪率领禁军前往泾阳迎战。各路官兵反应不同，只有淮西节度使李忠臣响应号召，马上出兵，其他六路行动迟缓，颇有坐山观虎斗的意思。

　　郭子仪率领一万士兵赶到泾阳的时候，泾阳早已被吐蕃、回纥的联军包围，就连入城都做不到。郭子仪只好扎下营寨，自己率领两千骑兵，前往敌阵前。郭子仪的举动让回纥士兵很震惊，唐军只有两千人，怎么敢出阵迎战呢？于是，回纥士兵就向阵前的唐军询问，他们的统帅是谁。唐军回答说，是郭子仪，郭老令公。回纥人这才知道，他们被仆固怀恩骗了。

原来，回纥一贯与大唐交好，也曾与唐军并肩作战，平定"安史之乱"，收复长安、洛阳，其中都有回纥人的影子。仆固怀恩说服回纥出兵攻唐前，告诉回纥人郭子仪已经死了。否则，凭着回纥人对郭子仪的崇拜，是绝不会出兵的。

但是，口说无凭，唐军说军中领兵的是郭子仪，谁又知道是真是假呢？于是，回纥将军就提出了条件，想要见见郭子仪。如果郭子仪就在军中，回纥绝对不会继续侵犯大唐。

阵前士兵将回纥人的话传给了郭子仪，郭子仪就打算出去见见回纥人。但是，军中的其他将领很担心这是回纥人的计谋，一旦郭子仪去了，就会被抓走。郭子仪认为，眼前的局势已经很危急了，敌人的兵力比他们多几十倍，正面交锋，必败无疑。不如死马当活马医，去跟回纥人谈谈，也许就能说服回纥人，不战而胜。将领们又表示，那也不能让郭子仪一个人去，至少应该派五百人保护郭子仪。郭子仪哈哈大笑，说："我知道你们担心我，但派人保护却是在害我。对面有几十万大军，如果对方真的心怀不轨，区区五百人，又如何能保护我？"

说着，郭子仪就命令士兵牵过他的战马，打算骑马前往回纥大营。他的儿子郭晞拉住了马缰，对他

说："如今您是唐军的统帅，怎么能做这种以身犯险的事情呢？"

郭子仪说："如今敌人势力庞大，真打起来，不管我们父子还是军中的士兵，都不可能保全性命，国家还要遭遇一场大劫难。我现在去和他们谈谈，如果能成功，那是天赐的幸运。如果不能成功，也不会有更坏的结果了。"说完，郭子仪就骑上战马，带着几个随从前往回纥大营。

随从们一边走一边喊："郭子仪郭令公来了。"回纥士兵看见唐军大营中有人过来，又听见士兵的喊声，连忙去报告回纥都督药葛罗。药葛罗以为唐军打过来了，连忙命令士兵摆开阵形，搭上弓箭，准备与唐军开战。

郭子仪来到回纥军营前，丢下武器，又脱下头盔、铠甲，只骑着一匹马慢慢地向前走。药葛罗看了半天，认出来人居然真的是郭子仪，于是赶紧和其他回纥将领出去迎接，向郭子仪行礼。

郭子仪与药葛罗是老相识了，见到药葛罗出来迎接他，赶紧下马，亲热地拉住药葛罗的手。郭子仪对药葛罗说："你们回纥和我们大唐关系一直很好，你们帮了大唐不少忙，大唐也待你们不薄，为什么要帮助仆固怀恩造反呢？我今天到你们这里来，就是想要劝你们不要再听仆固怀恩的了。如今我一个人到了你们大营里，要杀要剐悉听尊便。我死了，我的将士会拼命为我报仇的。"

药葛罗听了郭子仪的话，满脸羞愧，对郭子仪说："老令公可别这么说，我们哪里敢伤害您，哪里想要背叛大唐呢。我们之所以会到这里来，是因为仆固怀恩告诉我们，郭老令公已经死了，大唐的皇帝也死了，现在大唐是一片无主之地。听了这些话，我们才到这里来的。现在知道您还健在，我们哪里还会和您作战呢？"

郭子仪听了药葛罗的话，马上想到他听到的消息：回纥与吐蕃也

不是一条心，双方争夺大军的指挥权的斗争愈演愈烈。既然回纥不想攻打大唐，那能不能利用回纥攻打吐蕃呢？想到这里，郭子仪心生一计。

郭子仪对药葛罗说："吐蕃君主残暴不仁，过去大唐与吐蕃交好，还嫁公主到吐蕃。如今吐蕃不顾与大唐的亲戚关系，侵入大唐烧杀抢掠，肆意妄为，抢到的财物不计其数，仅仅牛羊就遍布方圆几百里，荒野上到处都是。如今，吐蕃裹挟回纥一起和大唐作战，无非是想要利用回纥来获得更多利益。如果回纥与大唐结盟，一起打退吐蕃，吐蕃从大唐掠夺走的财物，也可以分给回纥一些。这样大唐和回纥既能重归于好，回纥又能获得一些财物，岂不是两全其美吗？"

仆固怀恩此时已经病死，回纥人没了主心骨，药葛罗思索了一下，认为郭子仪说得很对。他说："您说得对。我们到这里是因为上了仆固怀恩的当，但还是有愧于大唐的。攻打吐蕃，就当我们给大唐赔罪了。但是，仆固怀恩的儿子是我们回纥皇后的弟弟，请您留下他的性命。"郭子仪同意以后，药葛罗在大营中摆开宴席，双方把酒起誓，结成同盟。

郭子仪在阵前出现，前往回纥大营的消息很快就传开了。吐蕃人听到后很害怕，认为回纥一定会和大唐联合起来攻打吐蕃，于是连夜拔营撤退了。回纥人知道后，马上率领大兵追杀吐蕃人，连续几次击败吐蕃，把吐蕃打回了高原之上。仆固怀恩病逝后，其他将领见大势已去，就向大唐投降了。就这样，郭子仪凭借一手反客为主，以最小的代价化解了大唐的危机。

搬起石头砸了脚的韩馥

袁绍家四世三公，名望极高，可以作为反董卓的领头人，大家都很拥护他。韩馥见袁绍很得人心，就开始嫉妒袁绍，生怕袁绍抢了他的位置。于是，他经常派人监视袁绍，还限制袁绍的行动。后来，东郡太守桥瑁伪造了一封信，以三公的身份呵斥韩馥，说天下已经岌岌可危，天子落在董卓手中非常危险，对反董卓的义军翘首以盼。

韩馥看到信件，就召集下属商议到底是站在袁绍一边，还是站在董卓一边。韩馥麾下虽没有什么人才，但也有一些正直的人。和他们商谈之后，韩馥满怀羞愧地开始支持袁绍。当然，这种支持只是表面上的，他内心里还是很担心袁绍对他不利，经常找借口克扣袁绍军队的粮饷。袁绍表面上仍然和韩馥交好，但内心对韩馥已经有所怨恨了。

袁绍拉起了一支大军，并且找来了十八路诸侯，打算讨伐董卓。董卓见联军势力庞大，就挟持汉献帝，迁都长安。各路诸侯各怀心思，没人愿意与董卓交战，联军解散，各回各自的地盘了。

一年后，韩馥麾下将领麹义谋反，韩馥率军征讨。没想到，麹义能征善战，精通兵法，把韩馥打得大败而归。袁绍得知此事，先是交好麹义，将其收归麾下，随后又听从谋士逢纪的策略，开始图谋冀州。冀州兵多粮广，但韩馥却是个平庸之辈，北方已经有不少诸侯对冀州虎视眈眈。逢纪认为，袁绍可暗中与公孙瓒约好，进攻冀州；随后再找一名说客，前往冀州说服韩馥让袁绍帮忙抵抗公孙瓒，之后再来一招反客为主，必定能占据冀州。

袁绍写信给公孙瓒，公孙瓒果然派兵南下，打着"讨伐董卓"的旗号，准备偷袭冀州。而袁绍也率领军队徐徐而来，给韩馥制造压力。袁绍的说客荀谌借机找到韩馥，对韩馥说："公孙瓒此次南下，一路上各地都很支持他。袁绍也朝着冀州来了，目的难以预料。我觉得，冀州现在很危险。"

韩馥马上慌了手脚，向荀谌问计。荀谌对韩馥说："您觉得您在礼贤下士、仁慈宽厚、容人之量、深得人心等方面，比得过袁绍吗？"

韩馥回答说："我比不过他。"

荀谌又问："在智谋与勇气、随机应变等方面，您和袁绍比，谁更强呢？"

韩馥回答说："我不如袁绍。"

荀谌再次发问："那么，在家族给天下人带来的好处方面，您比得过袁绍吗？"

韩馥还是回答说："我不如袁绍。"

荀谌对韩馥说："渤海虽然只是一个郡，但规模完全不比一个州差。将军您各方面都比不上袁绍，但地位却在袁绍之上。袁绍乃是当世豪杰，自然不肯居于将军之下。公孙瓒带领燕代两郡士兵，势不可挡。冀州是天下要地，袁绍与公孙瓒合力攻打冀州，冀州马上就会迎来灭亡。袁绍与将军是老相识，还是盟友。现在不如把冀州让给袁绍，袁绍必然会对您非常感激，公孙瓒就不能再攻打冀州了。这样，将军能得到让贤的好名声，有利于保全自身的地位。"韩馥胆子很小，虽然冀州兵精粮广，但他还是把冀州让给了袁绍。

袁绍入主冀州后，封韩馥为奋威将军。这个"将军"不过是个虚职，既不能管理政事，也不能领兵作战。随后，袁绍又派韩馥的仇人朱汉做官，朱汉马上就对韩馥展开了报复。朱汉带领军队包围了韩馥的宅第，带刀上楼，想要杀掉韩馥。韩馥逃走，朱汉就打断了韩馥儿子的两条腿。袁绍假惺惺地为韩馥报仇，杀死了朱汉。但韩馥此时已经肝胆俱碎，想要逃离冀州了。

韩馥离开冀州后，袁绍才算得偿所愿，完全没有后患之忧地统治了冀州。而韩馥呢，去陈留投靠了张邈。有一天，袁绍派使者去见张邈。在开会商量事情的时候，使者与张邈耳语了几句。韩馥已经被袁绍吓破了胆子，认为袁绍的使者要和张邈算计自己，于是就用一把小刀在厕所里自尽了。

袁绍用一招反客为主，兵不血刃地拿下了"可披甲作战者百万人"的冀州，一举成为北方的霸主。而韩馥这个"主"，在计策下变成了"客"，最后只能落得在厕所自尽的下场。

败战计

第三十一计
美人计

妙计破译

面对兵力强大的敌人，要攻击对方的统帅；对有智慧的统帅，要打击他的情绪。等到统帅情绪低落，兵士颓废消沉，敌人的气势自然就会萎靡。这样做更有利于抵御敌人，从而顺利地保全自身。

❧ 父子俩为谁争风吃醋 ❧

东汉末年，仅年九岁的汉献帝刚登基就被董卓抢走了权力。董卓是个阴险狠毒的人。自从掌管朝政后，他杀了许多贤良能干的大臣，并有谋朝篡位的野心。满朝文武百官对他又恨又怕。

大司徒王允是个勤政爱民的好官。他见董卓把持朝政，心里非常难受。他害怕再这样下去，汉朝就会不复存在。于是，王允便想为汉朝铲除这个大坏蛋。不过，董卓手握兵马，势力强大，又有号称"飞将"的义子吕布贴身护卫。王允身为一介文官，想除掉董卓谈何容易？

无奈之下，王允只能掩饰复兴汉室的想法，暗中观察董卓的举动。直到有一天，他终于发现了董卓和吕布的共同弱点——喜爱美人。王允心想，既然这父子俩都是好色之徒，何不用美人计，让他们二人自相残杀呢？

这条计策虽然好，但实施起来却很困难。如今董卓贵为丞相，什么样的美人没见过？况且，即便寻到佳人，又怎能保证她不会将此事泄露出去？一想到这儿，王允便觉头痛欲裂。

有一天晚上，王允到花园中散心，正好看到在月下祈祷的貂蝉。

"月神啊月神，小女子有事相求。近日家父茶饭不思，愁眉不展，做女儿的有心无力，不能替父分忧。但愿月神保佑，消除家父的烦恼……"

王允听到这番话，眼前一亮，一把抓住貂蝉盯着看。好半天才缓过神来，说道："儿可愿助为父一臂之力？"

还没等貂蝉答复，王允便扑通一声跪在貂蝉面前说："奸臣当道，朝廷眼看倾覆，为父的身家性命也朝夕不保。为父的残躯、大汉天下的命运全在我儿身上。如今，就看我儿愿不愿意……"

听了这话，貂蝉急忙伸手去搀扶王允，说："父亲对孩儿有活命教养之恩，您让孩儿做什么，孩儿都毫无怨言。"

一听貂蝉答应了，王允一跃而起，凑到貂蝉耳边压低声音说："我儿有天姿国色，定能为朝廷除去心腹大患，只是要委屈我儿，还可能要搭上性命——"

貂蝉坚定地说："父亲只要有用得着孩儿的地方，尽管开口，儿万死不辞！"

于是，王允对貂蝉说了自己的妙计。貂蝉跪下，流着泪说："儿不怕死，但愿父亲计策成功，为国锄奸，那样儿在九泉之下也可瞑目了。"

说完，貂蝉磕了三个响头。父女二人抱头痛哭。

不久之后，王允举办了一场私人宴会，邀请吕布参加。就在推杯换盏的时候，王允清了清嗓子，说："今天吕将军能来，老夫非常高兴。老夫有一义女貂蝉，颇识音律，能歌善舞，不如让小女貂蝉为吕将军歌舞助兴吧。"

吕布一听，自然应允。王允急忙唤出貂蝉。

吕布一看到貂蝉，就被她深深地迷住了。王允见状，便顺势说，小女一向敬慕将军，若蒙不弃，老夫愿将貂蝉送给将军为妾。吕布为此非常高兴，一连几杯酒下肚，喝得酩酊大醉。

第二天，王允照常上朝议事。下朝的时候，他找机会邀请董卓到府中做客，还说有件宝贝要献给他。董卓一听有宝贝，哪儿有不去的道理？而这宝贝正是貂蝉。董卓非常喜欢貂蝉，当天就将她纳进府中为妾。

几天后，吕布带着聘礼来到王允府中，被王允告知，貂蝉早就被董卓抢走了。吕布生气极了，大骂王允："老匹夫！你为何出尔反尔？"

王允装出一副伤心的样子，说："将军，我心里是属意你当女婿的！那天董丞相来府中做客，正巧撞见了貂蝉，非要纳她为妾。"王允见吕布为此伤心，更是添油加醋地说："小女哭得伤心，若非担心爱慕将军的事，会给将军惹来杀身之祸，她是万万不肯嫁的。"

被王允这么一挑拨，吕

布对董卓这个义父，再无半点儿真心。每当他去董卓府中办事，总盼着能见上貂蝉一面。貂蝉每每见到吕布，也是一副断肠模样，更让吕布放心不下。

这一天，吕布乘董卓上朝的时候，偷偷溜进了董卓府中，在凤仪亭见到了貂蝉。貂蝉见到吕布，又是高兴，又是难过，哽咽着说："求将军救我！我一刻都不想待在董卓身边了。"

就在二人互诉情肠时，被回到府中的董卓撞了个正着。吕布吓得飞身逃跑，貂蝉更是哭哭啼啼，说吕布贪恋她的美色，求董卓为她做主。从那以后，董卓和吕布的关系更差了，两人互相猜忌，都想铲除对方。

王允听闻后，知道美人计奏效了，就找到吕布，劝他除掉董卓。他见吕布犹豫不决，连忙说："将军，董卓对你已经起了杀心，你要是不动手，恐怕用不了多久，就会被董卓谋害。你想一想貂蝉，难道你不想和她在一起了吗？"

这一番话戳到了吕布的痛处，于是他与王允联手铲除了董卓。

❧ 鲁国是如何衰落的 ❧

晏婴死后，齐国虽潜伏着危机，但还是比"老邻居"鲁国强大。齐景公经常出兵干预鲁国的内政。

当时的鲁国内部也不太平，虽然朝政主要由宰相季斯主持，但实际上大权却掌握在孟氏、叔氏和季氏三家手中。这三家的势力在鲁国内部形成"三足鼎立"之势，相互牵制，表面上看还算平衡，实际上暗地里却蓄势待发，谁都想着压倒其他两家，夺取鲁国大权。在这种情况下，鲁国上下人心涣散，朝政一片混乱，原本国力就比不上齐国，如今也就更不敢与齐国抗衡了。

虽然各大家族争权夺利，但他们自己也清楚，鲁国才是家族最大的倚仗力量，而由如今的状况看来，实在让人不得不担心鲁国的国运。于是，孟氏的掌权人孟何忌便向宰相季斯推荐了一个人，那就是孔子。孟何忌告诉季斯："想要让鲁国安定下来，获得长远发展，那就必须重用孔子。"就这样，孔子正式登上了鲁国的政治舞台。

孔子学识渊博，作风正派，处事公正严明，深受百姓爱戴，又是孟何忌举荐，季斯首肯的，孟氏、叔氏和季氏三家也都愿意听他的话。更重要的是，孔子倡导的是"君君臣臣父父子子"的礼仪，这一点正合鲁国国君鲁定公的意，鲁定公当然也愿意支持孔子。就这样，在孔子的治理下，鲁国风气焕然一新，开始走向繁荣昌盛的道路。

据说有一次，齐景公借与鲁定公会盟的机会，想要故伎重施，劫持鲁定公对鲁国进行要挟，捞一笔好处。当时，主持会盟的人就是孔

子，他看出齐景公不怀好意，便以礼仪为由，诛杀了齐国安排来演奏淫乐的乐人。孔子的威势让齐景公畏惧不已，不仅将齐国侵占的鲁国土地归还给了鲁国，还向鲁国赔礼道歉。

这件事发生后，齐景公意识到了孔子的巨大威胁，如果继续让孔子治理鲁国，鲁国日后必然会越来越强大，甚至威胁到齐国的地位。在齐景公为此苦恼不已的时候，大臣黎弥向他进言道："既然鲁国是因有了孔子而强盛的，我们为何不想办法让鲁国国君罢黜孔子呢？"

齐景公说道："如今孔子可是鲁定公面前的大红人，鲁定公又怎么可能罢黜他呢？"

黎弥高深莫测地一笑，向齐景公献了一条计策——美人计。

为了把孔子"拉下马"，齐景公采纳了黎弥的计策，命人在全国搜罗了八十名年轻貌美的女子，专门让人教授她们歌舞乐器，将她们打扮得俏丽迷人。然后又让人选出一百二十匹宝马，配上昂贵精美的雕鞍金辔，将这些宝马和美人一起送往鲁国，给鲁定公做"礼物"。

以前齐国对鲁国的态度是非常嚣张的，而现在随着鲁国国力的发展，齐景公居然送来这样珍贵的"礼物"，这让鲁定公大喜过望，立即把礼物全部收下，还赶紧给齐景公写了一封感谢信。

从前日子过得憋屈时，鲁定公也曾有过昂扬的斗志和不甘的雄心，因此才会重用孔子，想要摆脱"傀儡"的身份和齐国的钳制。而如今，日子过得好了，鲁定公的斗志在安定的环境中似乎已经开始衰减，尤其在齐景公的态度骤然转变之后，鲁定公更是不可避免地有些"膨胀"。他开始沉迷酒色，与齐国送来的美人夜夜笙歌，常常通宵达旦饮酒作乐，不理朝政。

对鲁定公的改变，孔子看在眼里，急在心里，数次直言劝谏。然而，孔子的行为不仅没能让鲁定公幡然悔悟，反而招致了他的厌恶，之后，

鲁定公便干脆对孔子避而不见了。数次失望后，孔子意识到，自身的政治抱负恐怕已经无法在鲁国实现了，便带着弟子离开了鲁国。

听说孔子离开之后，鲁定公也没放在心上。在他看来，如今鲁国已经越来越强大，就连曾经强大的齐国都向他低头了，即使没了孔子，鲁国的发展也不会受到什么影响。自从不受孔子的管束后，鲁定公就更加放浪形骸，刚刚安定下来的鲁国又一次陷入了混乱状态，实力逐渐衰弱，直至最终被楚国灭亡。

第三十二计
空城计

当我方力量比敌人薄弱的时候，如果进一步凸显出我方的空虚和不足，反而会让敌人生出疑虑。在面对敌众我寡的情况时，这种十分神奇的战术往往可能取得意想不到的效果。

∽ 诸葛亮抚琴诈敌 ∽

马谡失街亭后，诸葛亮顿知大势已去，只能做退兵之策。于是，他急令大将关兴、张苞、张翼、马岱、姜维等分头设伏，以保大军安全撤退，又密令大军暗中收拾行装，准备起程。同时，他派出心腹，分路通知天水、南安、安定三郡官吏军民，尽快向汉中撤退。

诸葛亮分拨完毕，便先带五千兵退去西城县搬运粮草。到了西城县，诸葛亮命令两千五百名兵士去押运粮草，只留了两千五百名兵士守城。

突然，十余次飞马报到，均报司马懿亲率十五万大军，正往西城县奔来，眼看马上就要兵临城下。

听到这个消息，众人都慌了，要知道，这时候诸葛亮身边可是一个武将都没有，就剩一群毫无战斗力的文官，就连城里的士兵也都是些无法作战的老弱病残，怎么可能和司马懿的大军抗衡？

打是打不过了，问题是，想逃也逃不了啊！西城县易守难攻，是因为这里路径狭窄，车马不便行走，而唯一一条大道现在已经被司马懿大军占住了。况且，如今城里的马匹和车辆都比较少，行李辎重却不少，哪怕顺着小路跑，恐怕跑不出几里路，就得被司马懿的大军追上。

此时，众官员的心中满是绝望，在绝对的实力差距面前，哪怕诸葛亮再智计百出，恐怕也是毫无用处的。对眼前的状况，诸葛亮自然也非常清楚，他一边登上城楼查看情况，一边在脑子里不断盘算，究竟还有没有什么办法可以渡过此劫。

危急关头，一个铤而走险的主意在诸葛亮脑海中已然成形。他把众人叫来，吩咐道："将城中所有的旗帜都放倒收起来，士兵隐匿在各自驻地的房舍和围墙内，不许发出任何声响，违令不遵者，斩立决！另外，将东南西北四面的城门都打开，每处城门前安排二十名扮成百姓模样的老弱士兵，洒水扫街，表现得轻松自如一些，不要紧张。即使魏军冲杀而来，也不能出现任何慌乱的样子，更不能往城里跑。"

诸葛亮的一系列安排让众人感到云里雾里，根本不知道他这葫芦里究竟卖的什么药。诸葛亮也不解释，只是胸有成竹地安抚众人道："放心，我已有退兵妙计，大家不必慌乱。"说完后，诸葛亮便让人找来一件宽大的长衫换上，让两个小童子跟在自己身后，抱着一张琴和一只香炉，登上了城楼。

此时，西北方向已经可以看到司马懿大军招摇挥动的旗帜，大军如沉雷一般的奔走声也动地而来。但诸葛亮却一派悠然地点上一柱香，摆好琴，端坐在城头，甚至还闭目养神了一会儿，然后云淡风轻地开始拨弄起琴弦来。

魏军的先头部队来到城下，看到此情此景后，觉得非常怪异，不敢轻举妄动，便让人赶紧去向司马懿报告情况。收到消息后，司马懿也觉得很奇怪，这诸葛亮不想着赶紧前来御敌，而是打扮得像个道士似的，坐在城头弹琴，这是什么意思？他是不是又在打什么坏主意？

司马懿担心有诈，便下令让大军暂且停止行动，他自己则策马飞奔到前方观望，果然看到诸葛亮坐在城头弹琴，一派悠然自得的模样，身后还跟着两个童子，一个童子手上捧着宝剑，一个童子手上拿着拂尘。最令人感到奇怪的是，城门居然是打开的，城门口还有一些看上去就毫无战斗力的百姓在低头洒扫，一个个都表现得泰然自若，不慌不忙。

司马懿本就谨慎多疑，看到这样反常的现象，更加不敢向前了。他凝神静听，也没办法从诸葛亮一派悠然的琴声中判断出什么。

就在司马懿犹豫不前的时候，他的儿子司马师说道："父亲，我们应当即刻冲入城中，先把那诸葛亮给抓了！他这分明就是在故弄玄虚！"

司马懿却没有理会司马师，只定定地盯着诸葛亮，继续凝神听他

的琴音，随后突然脸色大变，慌忙下令，让全军立即撤退。众人都一头雾水，司马懿却大怒，冲众人吼道："立即撤退！违令者斩！"

直到撤离一段距离后，司马懿才冷静下来，心有余悸地对司马师解释道："诸葛亮这人，一生最是谨慎，从来不会做没有把握的事情。今天，他敢大开城门，必然就是为了引诱我们进去，而里头必然早就设好了埋伏。我们要是贸然闯入，那可就真的中计了！"

司马师想了想，又问道："那父亲为何刚才突然神色大变，慌忙让大军撤退呢？"

司马懿说道："为将帅者，必须善于观察天地之间的运动变化。刚才我一直在听诸葛亮弹琴。最初，琴音是平和淡然的，但就在刚才，琴音突然变得昂扬激烈，杀机四起。可见，他这是要动手了啊！再不走，恐怕就走不了了！"

对司马懿的解释，司马师其实并不那么信服。可就在这个时候，大军刚刚进入武功山一带，就听到四处响起了震天的鼓声和喊杀声，众人大惊失色，这才相信了司马懿的判断，马不停蹄地慌忙逃离了。殊不知，直到此时，看似一派悠然的诸葛亮才放下高高悬着的心，擦了擦额头的冷汗，笑了起来。

没有城的空城计

西汉时期，北方的匈奴势力很大，常常发兵进犯中原，肆意烧杀抢掠，残害百姓。上郡作为阻挡匈奴南下的第一道关口，地理位置十分重要，而当时负责守卫上郡的，就是有"飞将军"之称的汉代名将李广。

当时，皇帝非常重视上郡的安全，还特意派遣了宦官前来监察，以便随时向朝廷汇报情况。有一次，被派遣来负责监察工作的宦官带着几十个骑兵外出打猎，突然遇上了三个匈奴人，双方就打了起来。

本来宦官这边是占据了人数优势的，可没想到这三个匈奴人箭法十分了得，不仅射伤了宦官，还把随行的骑兵几乎都给射死了。宦官狼狈逃回军营，立即把情况上报给了李广。李广大怒，当即就翻身上马，点了一百多名骑兵，去追杀那三个匈奴人，为死去的士兵报仇。

虽然对方只有三人，但李广并未轻视。根据其出色的身手，李广猜测，这三人很可能是匈奴的射雕能手，箭法了得，不容小觑。于是，李广让部下左右散开，从两侧进行包抄，自己则一拉弓，直接一箭一个，射死了两人，最后一人被士兵活捉。

就在这时，意外发生了。正当李广将俘虏捆好，准备率兵回营的时候，他们与一支数千人的匈奴骑兵小队狭路相逢。要知道，此时李广只带了一百多人，十倍的兵力之差，哪怕他们再骁勇善战，也不可能有获胜的希望。

匈奴骑兵也很快就认出了李广。他可是匈奴的劲敌，战场上令人闻风丧胆的"飞将军"。一时间，双方僵持住了。

李广原以为今天必死无疑，但看到匈奴军忌惮迟疑的样子，他突然明白过来，对方这是摸不清楚他们的情况，怕其中有诈，不敢贸

然发起进攻。想到这里，李广赶紧对正打算慌乱撤退的骑兵们说道："不许动。听我说，现在咱们只有百余人，距离大营还有几十里，如果慌乱逃跑，必然会被匈奴追杀，到时候咱可就全完了，谁也活不下来。现在匈奴人摸不清我们的底细，不敢贸然进攻，只要我们按兵不动，他们必然会怀疑我们是想诱敌深入，必然有所忌惮，不敢贸然来袭击。大家都给我稳住了，不要慌，继续向前走。这是我们唯一的活路。"

说完，李广果然率领骑兵们继续向前，一直到距离匈奴只有一里地的时候，李广这才下令："全体下马解鞍，原地休息！"

骑兵们都很紧张，此时他们距离匈奴军实在太近了，现在下马，如果对方突然发起攻击，那可真就没半点活路了。就在众人犹豫不决之时，李广率先翻身下马，并对众人解释道："按照常理，我们这么少人，遇见这么多敌军，必然应该掉头就跑。可现在，我们不仅不跑，还下马解鞍休息，这样不合常理的举动，反而会让敌人更加怀疑其中有诈，不敢轻举妄动。"

虽然众人依旧非常紧张，但正如李广所说，这是他们唯一的活路。于是，骑兵们便也随李广一起下马解鞍，一派悠闲地躺在草地上，完全没有备战的样子。

果然，这样一来，匈奴人更加疑惑了，完全不知道李广打的什么主意，一时之间也不敢向前。一直等到天逐渐黑下来之后，匈奴方才派了一个士兵前去侦查情况。结果，这个士兵刚靠近，李广就一跃而起，把这个士兵射死了，之后又晃晃悠悠地回到原地，继续坐下休息。看到这样的情形，匈奴人更认为附近必然有伏兵，不敢轻易上前。

双方就这样一直对峙到了后半夜，匈奴人终于下令撤军。眼看匈奴军走远之后，李广才赶紧命令众人上马，快马加鞭地赶回了营地。一场危机就这样被李广用一招"空城计"化解了。

第三十三计
反间计

妙计破译

在对手布置的疑阵中再反设一道疑阵，然后利用对手用来对付我们的策略，反向地打击对手，诱使对手内部产生矛盾，从而获取胜利。

❧ 蒋干偷书 ❧

赤壁之战爆发前夕，东吴都督周瑜率军与曹操百万大军隔江对峙，双方剑拔弩张，大战一触即发。

就在这个时候，曹操手下一个名叫蒋干的谋士前来求见。蒋干与周瑜是旧相识，两人儿时曾同窗求学读书，算是有一些交情。也正是仗着这份交情，蒋干向曹操毛遂自荐，说自己愿意去东吴做说客，劝降周瑜，免得双方大动干戈。曹操一听自然高兴，不管蒋干能不能说动周瑜，对他来说都没什么损失。成功劝降周瑜，他就能不费一兵一卒拿下东吴；无法劝降，那就继续开战。于是，曹操欣然同意了蒋干的请求，还亲自给他置酒送行。

这天，周瑜正忙着处理公务，突然听到有人通报，说"有故人来访"，这个"故人"自然就是蒋干。周瑜何等聪明，马上就猜到了蒋干的来意，但他依然不动声色，还热情地亲自出帐去迎接蒋干。与此同时，一个计划也已经在他脑海中成形。

见到蒋干之后，周瑜非常激动，仿佛真是欣喜与多年不见的老友重逢。一番寒暄之后，周瑜便热情地邀请蒋干进了自己的大帐，并吩咐下去，让人大摆宴席，将文武官员都叫来作陪，一起欢迎蒋干。

周瑜的热情让蒋干受宠若惊，但与此同时，也对劝降周瑜有了更大把握。宴席开始后，周瑜将腰间的佩剑解下，交给太史慈，让他负责掌剑监酒，并故意当众大声说道："蒋干与我曾是同窗挚友，虽然他是从江北来的，但绝对不是曹操的说客，还请诸位对他客气一些，不要心存疑虑。今天的宴席，我们只叙同窗之情，绝对不谈两家战事，若有人违反规矩，直接就地正法！"

一听这话，蒋干脸都吓白了，哪里还敢提让周瑜投降曹操的事情。

周瑜仿佛没有发现蒋干的异样一般，笑着对他说道："自从坐上这个位置，负责统领兵马以来，我一向滴酒不沾。但今天，你我故友相逢，是个特殊的日子，必定喝个一醉方休才行！"说完后，周瑜便下令让军中奏起获得胜利的乐曲，让众人一起开怀畅饮。

一整晚，周瑜都表现得非常兴奋，还乘着酒兴，当众起身舞剑，直至喝得酩酊大醉。

蒋干就没那么轻松了，他

一直惦记着要劝降周瑜的事情，但一直没有找到机会开口，现在还不知道该怎么向曹操交代呢。

宴席结束后，蒋干把周瑜扶回大帐，心里琢磨着究竟应该怎么办。这时，周瑜突然对蒋干说道："子翼（蒋干的字）兄，你我已经许久未见，今夜我定要与你秉烛夜谈，同榻而眠，你可不许走！"话刚说完，周瑜就睡过去了。

看着周瑜酩酊大醉的样子，蒋干一阵烦闷，这回更没法子说事情了。一想到自己在曹操面前夸下的海口，蒋干更是郁闷得不行，哪里还能睡得着？听着周瑜如雷的鼾声，蒋干突然灵机一动，虽然自己没能劝降周瑜，但是可以用别的方式将功折罪。于是，他悄声摸到了周瑜桌前，开始翻看他放在桌上的文书，打算看看能不能找到什么有价值的消息。

突然，一封书信从文书中掉了出来，蒋干拿起来一看，竟是曹操的水军都督蔡瑁和张允写给周瑜的降书！蒋干大惊失色，紧张得心跳如擂鼓一般，赶紧将信藏在衣服里，正打算继续翻找的时候，突然听到周瑜迷迷糊糊地说了一句："子翼兄，你可瞧好了，数日之内，我定要将那曹操的首级拿下！"

蒋干吓了一跳，慌忙吹灭灯，匆匆上榻睡觉。

第二天一大早，蒋干正睡得迷迷糊糊，突然听到有人进入大帐，将周瑜唤醒，并低声说道："江北那边有人来……"话没说完就戛然而止，似乎被周瑜制止了。蒋干感觉周瑜似乎盯着自己看了许久，心中非常慌乱，强撑着继续装睡。不多会儿，他便听到周瑜起身，和那人轻声离开，走出大帐。外头隐隐约约传来说话声，其中似乎提及了蔡瑁和张允的名字，但那声音越来越低，实在是听不清楚讲的是什么。

蒋干虽然心里着急，但实在不敢乱动，没过多久，周瑜就从帐外走了进来，像什么事都没发生似的，继续躺下睡觉。蒋干又等了一会儿，确定周瑜熟睡之后才敢爬起来，径直走出了军营。因昨夜周瑜设宴，将士们都见过蒋干，知道他是周瑜的故旧，也就没有阻拦他。就这样，蒋干顺利来到江边，找出自己先前就藏好的小船，急急忙忙坐船渡江回了曹营。

蒋干自以为自己撞破了周瑜的秘密，殊不知，这一切不过是周瑜定下的反间计罢了。曹操麾下大将中，唯有蔡瑁和张允二人精通水战，周瑜早就想把这二人除掉了，不想恰好此时，蒋干自己送上门来，周瑜自然把握住机会，定下了这出反间计。

之后，曹操果然上当，将蔡瑁和张允斩杀。正因为失去了这两名大将，曹操才在之后的赤壁之战中犯下大错，最终输得一塌糊涂。

陈平离间项羽范增

公元前204年，楚汉之争已经到了白热化阶段，刘邦大军被项羽截断粮道，围困在荥阳长达一年有余。这一年中，刘邦大军的处境十分艰难，既无粮草又无外援，眼看就要兵败投降。刘邦是个有雄心的人，自然不甘心就这样臣服于项羽，但对眼前困局，也实在无计可施。

刘邦手下有一个谋士名叫陈平，是刘邦最信任的人。虽然陈平不像韩信那样，可以指挥千军万马，有决胜千里的军事才能；也不像萧何那样，可以留守后方，保证物资的充裕。但陈平也有一项最大的本事，那就是善于谋略，能够为刘邦出谋划策，帮他渡过难关。

陈平对刘邦说："项羽这个人刚愎自用，多疑猜忌，他的那些部下中最有本事的就是范增和钟离眜，这两人为他立下了汗马功劳。现在，我们唯一的出路，就是想办法离间他们君臣，让他们自相残杀。等他们内部陷入混乱，我们就能找到机会趁机突围了。"

刘邦觉得陈平说得很有道理，于是便按照他的要求，拿出了四万金给他，作为运作的资本。陈平拿到钱之后，便立即派人前往楚军大营，花重金买通了一些将士，并让这些将士四处散布流言，说范增和钟离昧对西楚霸王项羽不满已久，两人明明立下许多大功劳，但从未得到相应的回报，实在让人心寒，故而他们已经打算离开项羽，去投奔汉王刘邦了。刘邦还答应他们，等灭了项羽之后，必定奉上高官厚爵。

很快，这些流言蜚语就传遍了楚军军营，项羽自然也听到了。就如陈平所说的，项羽这人刚愎自用，多疑猜忌，对谁都不信任，听到这些话以后，自然也对范增和钟离昧产生了怀疑，开始渐渐疏远他们。

当然，虽然心存怀疑，但范增与钟离昧都是跟随项羽多年的老臣，两人也的确立下过汗马功劳，项羽没有直接给他们定罪，而是偷偷派遣使者去刘邦军营中打探消息。然而，陈平早就料到了项羽的打算，早早就准备好圈套，就等着项羽往里钻，好坐实范增和钟离昧的"罪名"。

这天，项羽派遣的使者刚到汉军军营，就被陈平热情地邀请到大帐中，准备好酒好菜招待。席间，陈平不时问起范增的起居饮食，对他十分关心。之后，又悄悄附到使者耳边问道："范增先生可有什么吩咐？"

使者心中奇怪，说道："我不知道呀，派我来的不是范增，是项王。"

结果，一听到这话，陈平的脸色就变了，冷淡地说道："我还以为是范增先生遣你过来的，原来是项王啊！"

随后，陈平大手一挥，直接让人把宴席撤了，还十分敷衍地让人给使者安排了一处简陋的营帐，吃食也变成了粗茶淡饭。

使者非常恼怒，一回到楚军军营就怒气冲冲地去见了项羽，把自己所遭遇的情况禀报给他。这样一来，项羽就更加确信范增有二心。

就在这个时候，范增前来求见项羽，劝说他立即发兵去攻打荥阳。范增认为，现在汉军已经被他们围困了一年多，不管军力还是士气都消耗得差不多了，正是发兵攻打、收取胜利果实的时机。

然而，此时项羽已经对范增产生了怀疑，自然不肯听从他的建议。最近军中的流言，范增不会不知道，如今再看项羽的态度，自然明白他这是已经不信任自己了。范增大受打击，一气之下就离开项羽出走了。结果，还没走到彭城，范增就因为急火攻心，背上的恶疮发作而暴毙了。直到此时，项羽终于意识到，自己这是被刘邦算计了！

得到范增的死讯后，陈平知道，他们突围的机会来了。刘邦手下有个叫纪信的人，身量长相都与刘邦有几分相似，陈平让纪信扮成刘邦的样子，又在荥阳城中找了两千多名女子，将她们组织起来。等到了夜晚，陈平便让装扮成刘邦的纪信带着这些女子骑马从荥阳城东门疾驰而出。

朦胧的月光下，守城的楚军看到刘邦带着一群人从东门出来，以为他想要趁夜突围，于是立即发出信号，调集兵马包围过来。而此时，真正的刘邦已经在陈平的护送下从荥阳西门逃走了。

就这样，陈平用一招反间计，成功动摇了项羽对范增和钟离昧的信任，间接导致范增出走命丧，让钟离昧不得重用，从而大大削弱了楚军的力量，为刘邦的最终胜利创造了条件。

第三十四计
苦肉计

妙计破译

按照常理，人是不会伤害自己的，如果受害，必然是真的。所以，以假作真，以真乱假，就能达到离间敌方的效果。用这种办法欺骗敌人，就更容易达到目的。

～ 周瑜导演苦肉计 ～

三国时期，曹操率八十万大军南下，意图一举拿下孙权和刘备，统一天下。为了对抗曹军，孙权与刘备联手，结成了同盟。但即便如此，面对强大的曹军，孙刘两家的状况仍旧不容乐观。

在这样的状况下，想要取得胜利，就必须出奇制胜，以巧计破曹军。而周瑜和诸葛亮都认为，火攻是最好的选择。但问题是，要想实施火攻，就必须让人深入曹营去放火。众所周知，曹操这人多疑得很，想要在他眼皮子底下接近曹营，简直难如登天。

就在此时，为了刺探军情，曹操派荆州降将蔡和与蔡中兄弟俩到周瑜大营诈降，以刺探和传递消息。周瑜心如明镜，早已猜到曹操的打算，但他仍旧不动声色地接待了这两兄弟，准备利用他们来反"坑"

曹操一把。

有一天夜里，周瑜正在思索如何顺利实施火攻的计划时，老将黄盖突然来了，也向周瑜提出了火攻的建议。周瑜说道："真是英雄所见略同，但火攻之计的实施，难就难在要如何深入曹营去放火。"

黄盖问道："都督有何高见？"

周瑜继续说道："要想接近曹营，就必须得到曹操的信任。因此，我准备找一个人去曹操那里诈降。正巧现在蔡和与蔡中两兄弟在这里帮曹操打探消息，我们便可利用他们来创造诈降的机会。只是，曹操此人多疑，要想让他相信，恐怕这个诈降的人得吃点儿苦头了。"

黄盖当即表示，他愿意接受这个任务，去曹营诈降。

第二天一早，周瑜便将众将领都召集起来，下令让他们领取三个月的粮草，随时做好进攻的准备。结果，周瑜话音刚落，便听到黄盖嗤笑道："三个月？周都督是在开玩笑吗？曹军有八十万之众，别说三个月，哪怕三十个月，恐怕也是难以取胜的，与其这样去送死，倒还不如直接投降算了！"

听到这话，周瑜大怒，指着黄盖大骂道："好啊，还没开战你就在这里胡言乱语，动摇军心！来人，把黄盖拉到帐外斩首示众！"

结果，黄盖不仅不服软，言辞之间愈发放肆，完全不把周瑜放在眼里，言语中全是自己过去的丰功伟绩，甚至还口不择言地说周瑜不过是个不知天高地厚的黄口小儿，只不过侥幸打过几场胜仗罢了，把周瑜气得火冒三丈。

但黄盖毕竟是老将，众人也不可能真让周瑜把他给斩了。最后，在大将军甘宁的求情下，周瑜将斩首之刑改为了重打一百脊杖。这样的惩罚着实是有些重了，加之黄盖年纪不小，众人都担心他承受不住这样重的惩罚，纷纷为他求情，结果周瑜更生气了，直接将案桌掀翻，下令让人直接行刑。

黄盖年轻时也是个英杰，但如今毕竟年纪老迈，不过受了五十脊杖，就已经皮开肉绽，奄奄一息。最后，在众将苦苦哀求之下，周瑜才松口，免去了另外五十脊杖，留下黄盖一条性命。

受刑之后，黄盖的好友阚泽前来探望他。阚泽与黄盖相识多年，对黄盖十分了解，他知道，黄盖这人性情稳重，是断断不可能做出当众与周瑜发生冲突这样的事情的。在阚泽的追问下，黄盖只得将实情告知，并让阚泽帮他递了一封降书送给曹操。

收到黄盖的降书之后，曹操并没有真的相信，他本就性格多疑，更何况在大战前夕这样特殊的日子。但随后，蔡中和蔡和兄弟也送来了密报，将周瑜与黄盖之间发生的事情尽数告知曹操。在听说黄盖受了重刑，险些性命不保之后，曹操才终于相信了黄盖的投诚之心。

后来，曹操又令人秘密与黄盖接触，进一步商定好了归降的

时间，而黄盖也利用这一时机，一把大火将曹操的战船烧了个干净。可以说，周瑜能够在赤壁之战中获得胜利，这场计谋绝对起到了十分关键的作用。

要离断臂

春秋时期，吴国的公子光在伍子胥和刺客专诸的帮助下，杀死吴王僚之后篡位自立，即为吴王阖闾。当时，就在吴国发生政变，一片混乱的时候，有万夫不当之勇的公子庆忌趁乱逃了出去。

逃离吴国之后，庆忌便开始四处招贤纳士，训练士卒，誓要为死去的吴王僚报仇。阖闾在知道这个消息之后，一直寝食难安，生怕哪天庆忌真的带兵杀回来。为了帮阖闾解除后顾之忧，伍子胥又物色了一名勇士，打算让他去刺杀公子庆忌。

伍子胥物色的这名勇士名叫要离，是一个屠夫，据说他的父亲就是一个职业刺客。要离与阖闾交谈过后，便主动表示，愿意接下刺杀庆忌的任务。但庆忌是个疑心特别重的人，想要接近他并不容易。要离对此似乎并不担心，他对阖闾说道："要想取得公子庆忌的信任也不难，只要大王你将我的妻儿杀死，再斩断我一条手臂，必然能彻底打消庆忌的疑心。"

听到这话，阖闾大为吃惊，连连摇头道："这可不行，这可不行，你帮我除去敌人，我又怎能恩将仇报，杀死你的妻儿，还伤害你呢？"

要离回答道："作为一个死士，怎能贪恋家庭的温暖？大王只需要待我成功归来时厚葬他们就行了。"

双方商定完毕计划之后，伍子胥次日便在朝堂上，当着众人的面向阖闾大力举荐要离，并提出要拜要离为大将军，让他率军去讨伐楚国。

然而，阖闾见到要离之后，表现得十分倨傲，甚至还有些不屑地对要离说道："你这副样子，看着甚至还不如一个小孩儿，怎么可能胜任将军之职，担任出兵讨伐楚国的重任呢？更何况，吴国刚刚安定下来，眼下并不是出兵打仗的的好时机！"

听到阖闾的话，要离高声反驳道："大王您这是什么意思？伍子胥为您肝脑涂地，谋划夺取王位，平定吴国，立下这么大的功劳。而您呢？就连帮他报仇雪恨都这样推三阻四！"

阖闾没想到，竟有人敢当面这样顶撞和忤逆自己，当即便愤怒地下令，让人将要离拖出去，斩断他的右臂，然后丢进大牢。之后，阖闾还命人将要离的妻子也给抓了起来。阖闾下手实在太狠了，根本没有人看出来这是一场早已商量好的"戏"，都为要离唏嘘不已。

不久，在伍子胥的帮助下，要离越狱逃离了吴国，阖闾听说后非常生气，直接下令让人杀死了要离的妻子，并放火焚烧后弃尸于闹市，扬言要给要离一个深刻的教训。

逃离吴国之后，要离多方打听，得知庆忌正在卫国避难，于是他也去了卫国，想要投到庆忌麾下。起初，听说要离前来投奔，庆忌心中是有所怀疑的，但看到要离的右臂确实被斩断，而且其妻子也的确已经被阖闾所杀，他这才相信了要离，毕竟这样的滔天仇恨，又怎么可能是假的呢？

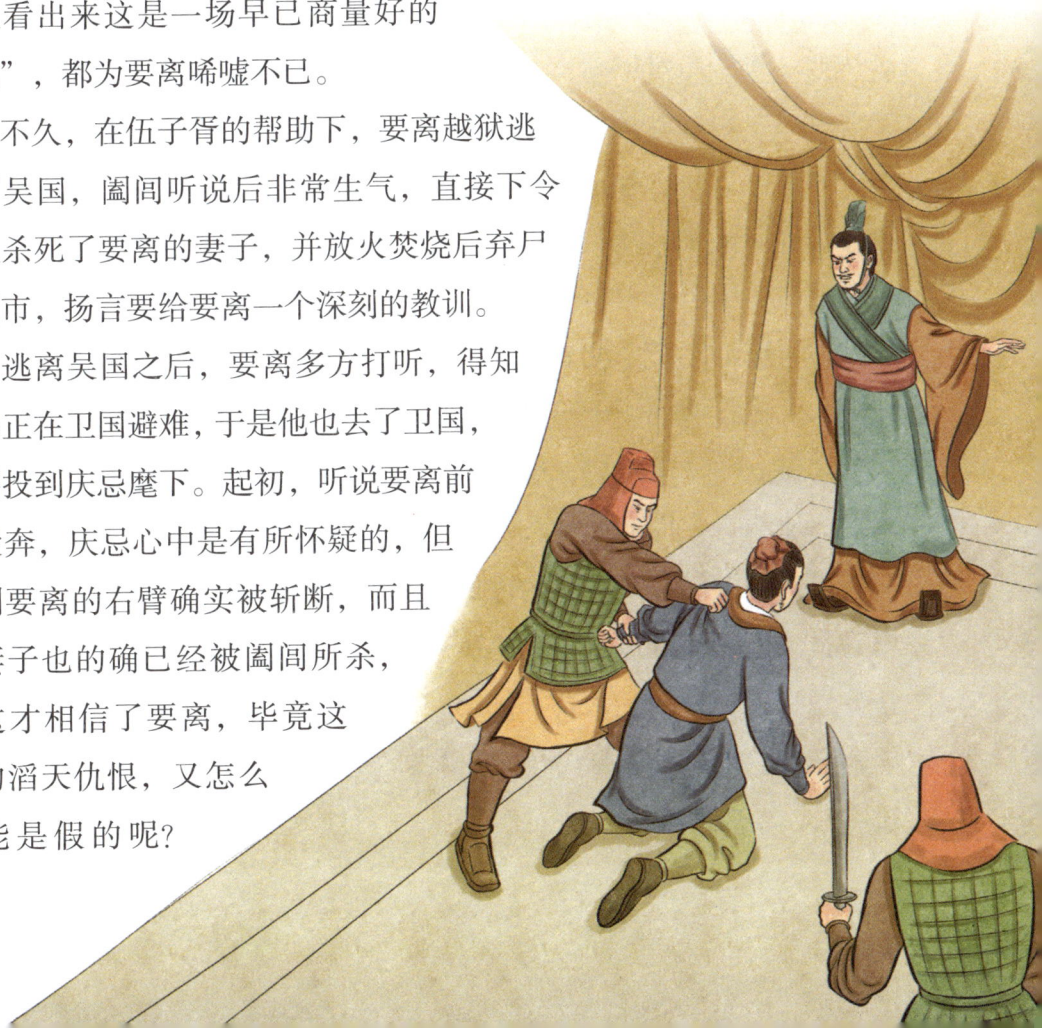

就这样，要离成为庆忌的心腹，帮他训练士卒，修复舰船，为讨伐吴国做准备。

数月之后，庆忌觉得自己的势力已经发展得不错了，能够与吴国决一死战了，便准备率兵乘船去攻打吴国。这时，要离突然上前对庆忌说道："公子，不如您亲自坐在战舰船头，这样更便于指挥船队，而且大家都能看到您，一定能鼓舞士气！"庆忌想了想，觉得要离的建议很有道理，果真到船头坐定了，要离则手持短矛侍立在他身侧。

大军行至江中的时候，突然刮来了一阵强风，坐在船头的庆忌被这阵风吹得摇摆不定，要离知道，机会来了。于是，趁着船体摇晃颠簸之际，要离突然举起手中的短矛，直直刺进了庆忌的心窝。

庆忌虽然身受重伤，但他实在太厉害了，在这样的情况下竟能忍着伤痛，将要离打倒在地，单手提着他的头按到水里，把要离淹了个半死。这时候，庆忌也终于想明白了，什么断臂杀妻，不过都是要离的苦肉计罢了！庆忌不由得哈哈大笑起来，说道："真没想到，天底下竟真有你这样的勇士！"

随后，庆忌知道自己已经活不了了，便对左右的人交代道："我死之后，你们不必杀死要离，他是这天底下难得的勇士，我们又怎能在一天之内让两位勇士身亡呢？放他回吴国吧，就当表彰他对自己主人的忠诚。"说完之后，庆忌将插入自己心窝的短矛拔出，顿时血流如注，他不一会儿便死去了。

虽然侍卫们遵照庆忌的遗愿，并没有伤害要离，还愿意放他回吴国领赏。但要离说道："我杀庆忌，从不是为了升官发财，而是为了让吴国百姓免受战乱之苦，能够安居乐业地生活。为此，我连妻子都能舍弃，连自己的身体都能不爱惜，又怎么会在乎什么钱财爵位呢？"说完后，要离便拔剑自刎了。

第三十五计
连环计

妙计破译

当敌方力量强大时，不能与其硬拼，而应该运用谋略，使敌方力量自相牵制，以削弱敌方力量，主帅在军中指挥，用兵得法，就会像有天神保佑一样。

◦ 毕再遇退金兵 ◦

毕再遇祖籍兖州，父亲毕进曾任武义大夫之职。早年，毕再遇恩荫补官，任侍卫马军司。据说，他身材魁伟，勇猛过人，很快就在军中混出名了。

北伐战争爆发后，毕再遇在招讨使郭倪帐下效力，奉命率先锋军前去攻打泗州城。其间，毕再遇率领八十余人由东城南角登城进入，杀死数百金兵，顺利占据泗州。之后，他又领命向徐州进军，中途接到撤军命令后便又退回了灵璧。当时，毕再遇手下只有480人，不幸和一支5000余人的金兵铁骑相遇。然而，就是在这样兵力悬殊的状况下，毕再遇竟打败金兵，取得了胜利，自此名动天下。

毕再遇确实骁勇，但他能率领南宋军队在对战金兵时屡屡获胜，关键还是靠他智计百出的头脑。

毕再遇在奉命驻守要塞六合时，有一次，金兵十万大军前来攻城。虽说六合易守难攻，但金兵人数实在太多了，战到后来，城中连弓箭都快要用完了。一旦没了弓箭，士兵们就无法保持远程攻击的威力，这样一来，必然会造成大批伤亡，这可怎么办呢？

就在众人一筹莫展之际，毕再遇突然想到一计。他令人扎了许多稻草人，给它们穿上将士的衣服，让这些稻草人在城楼上左右"巡视"。金兵一看，以为是城中的将领在巡城，纷纷拉弓射箭。靠着这样的"障眼法"，毕再遇从金兵手上"坑"到了不少箭矢，解决了城中缺失弓箭的困局。

毕再遇的"狡猾"让金兵气愤难当，进一步加强了对六合城的攻势。面对来势汹汹的金兵，毕再遇又想到了新的计谋，他将城中的乐师全部召集起来，让他们到城楼上奏乐。攻城的金兵一看这情形，全都傻眼了，完全不明白毕再遇这唱的是哪一出，不知不觉就放缓了攻势。然而，就是趁着这么一小会儿的空当，毕再遇悄悄率领一支精兵出城了，以"游击战"的策略和金兵周旋。

毕再遇知道，此时敌我双方实力悬殊，如果正面与金兵交锋，显然是不可能取得胜利的。因此，他制定了一条策略，即"敌退我追，敌来我走"，充分发挥队伍的能动性，开始和金兵打游击战。

这样一来，每次金兵刚刚安顿下来打算休息，毕再遇就带着他的小部队打过来了。等金兵慌忙整顿好打算反击，他又即刻下令撤退，率领队伍跑得无影无踪。就这样，打打停停，退退进进，金兵被毕再遇搞得疲惫不堪。

这天夜里，人困马乏的金兵刚回到营中准备休息，毕再遇再次故伎重施，率领军队冲杀而来。这一次，他还命人准备好了许多用香料煮好

的黑豆，这是马匹最喜爱的食物。早在开战之前，毕再遇就已经提前将这些黑豆撒在阵地上，打算以此来"诱惑"金兵的战马。

听到毕再遇队伍的冲杀声，金兵只得应战，结果毫不意外，仍然和之前一样，每当金兵开始反击，毕再遇的队伍就立即撤退，等金兵回到阵地，他们又卷土重来。毕再遇这一通操作让金兵气愤至极。这一次，金兵不打算再放过毕再遇，哪怕他们"败退"，也依然要死死追赶。

可谁能想到，毕再遇早就准备好了第二重陷阱。当金兵追赶着毕再遇大军进入阵地之后，饿了一天的战马突然闻到地上香喷喷的味道，哪里还愿意继续追赶，全都纷纷低头开始抢食，全然不顾主人的号令。一时之间，原本秩序井然的队伍陷入一片混乱。

就在此时，毕再遇早已埋伏好的大军从四面八方包围过来，把金军杀得人仰马翻。就这样，毕再遇巧施"连环计"，又一次率领南宋军队

打退金兵，大获全胜。

❧ 游说专家子贡 ❧

春秋末年，齐国有个权臣叫田常，他虽然已经拥有了很高的地位和很大的权势，但依然不满足，总是要求国君给他增加封地。被拒绝几次之后，田常便怀恨在心，阴谋发动政变，自己来当国君。

有了这样的想法之后，田常便决定，通过对外战争来提高自己的声望，从而获得更多人的支持，为发动政变做准备。于是，他经过多番考虑和筹谋之后，决定去攻打鲁国。原因很简单，因为鲁国小，国力不强。

众所周知，鲁国是圣贤孔子的故乡，孔子在得知田常的打算之后非常担忧，将众弟子都召集起来，询问他们有没有什么对策可以帮助鲁国渡过难关。弟子们在了解情况之后，纷纷站出来，要为孔子分忧，但孔子却一直没有点头。直到子贡站了出来，孔子才终于点头，将这个重任交给了子贡。

子贡复姓端木，单名赐，是卫国人，也是孔子的得意门生之一。他在经商方面十分有天赋，是儒商的典范，还是孔子诸多弟子中的"首富"。

子贡接到孔子交给他的任务之后，就开始行动起来了。但他并没有去鲁国，而是直接跑到齐国去了。到齐国之后，子贡便托关系求见了田常，一见到田常，子贡就直接说道："听闻您打算攻打鲁国？如果是真的，那这个决定可是大错特错啊！"

田常很疑惑，问道："这是什么道理？"

子贡说："这鲁国可不好打啊，你想把它攻灭，几乎是不可能的。众所周知，这鲁国的城墙，又矮又薄。这护城河呢？又窄又浅，国家的统治者昏庸无能，老百姓过得也都不好，根本不愿意打仗，这样一个国家，你是没办法打败的。但南方的吴国就不一样了，这吴国，城墙修建得又高又厚，护城河挖得又宽又深，士兵全都兵强马壮，朝堂上的臣子们也都贤明能干，只有这样的国家，才是能打败的。"

听了子贡的话，田常非常生气，说道："你这是什么意思？明明容易打的，你却说很难；明明很难打的，你却说容易！"

子贡继续说道："我曾听过这样的说法，说一个国家，内部有忧患的时候，就应该去攻打强大的对手；而外部有忧患的时候呢，就应该去攻打弱小的对手。现在，困扰您的忧患，是想要增加封地却求而不得，为什么求而不得呢？是因为贵族大臣们的反对。这是属于内部的忧患，当然应该选择去攻打一个强大的对手。相比吴国，鲁国确实更弱小，也更容易打败，但您是否想过，打败鲁国之后，会有什么样的后果呢？"

田常更疑惑了，继续问道："会有什么样的后果？"

子贡答道："您打败鲁国之后，齐国的国君必然会更加妄自尊大，觉得齐国特别了不起，作为国君的自己也特别了不起。而那些贵族大臣一看，原来打胜仗是件这么容易的事，必然就会开始抢着要去打仗，去争抢军功。这样一来呢，别说他们不可能同意你的想法，甚至就连你拿在手里的实惠，他们恐怕也都会想来抢着分一杯羹。"

田常想了想，觉得子贡说得似乎很有道理，于是又问："那攻打吴国又会如何？"

子贡说："攻打吴国，那这场仗必然是不会胜利的。可是国家虽然会败，但对您来说，是好处多过坏处的。国家失败了，就意味着国君和贵族大臣们的力量遭到了削弱和压制。这时候，您就成为齐国上下唯一能够依靠的人了，国君必然也会更倚重于您。"

子贡一席话说服了田常，但此时攻打鲁国的军队已经出发了，要是无缘无故改道去打吴国，那责任可就都要由田常一人承担了。

子贡自然明白田常的顾虑，对他说道："您只管让军队驻扎在齐鲁边境，不要轻举妄动，我去游说吴国出兵来救援鲁国。这样一来，您和吴国交战，那就是名正言顺了，即使最后失败，罪责也不在您身上。"

田常一听，最后的顾虑也没了，自然欣然应允。

游说完田常之后，子贡又赶去吴国，求见了吴国的国君夫差。子贡对夫差说："齐国要发兵去攻打鲁国，一旦成功，接下来，齐国必然会南下来攻打吴国，和您争夺霸主地位。"

夫差问："那应该怎么办呢？"

子贡说："大王您可以出兵去援助鲁国。鲁国弱小，即将遭遇灭顶之灾，如果大王能在此时伸出援手，那完全就是扶危济困的义举，天下人都会敬佩您，夸赞您的仁义。而且，齐国虽然看上去强大，但它却恃强凌弱，其实早就已经失去人心了。正所谓失道寡助，要打败它其实是件很容易的事情。"

接下来，子贡又和夫差分析了天下的局势，他告诉夫差："如今最强大的国家，一个是齐国，一个是晋国。如果大王您能打败齐国，那么就能乘胜追击，去打晋国，只要能战胜晋国，那您就是这天下的霸主！"

夫差是个非常有野心的人，一听子贡说可以称霸天下，当即就来了兴趣。但他又担心越国的国君勾践趁他去打齐国的时候来报仇，于是便打算干脆先出兵去把越国收拾了，除去后顾之忧，然后再去救鲁国。

得知夫差的想法后，子贡对他说："越国和鲁国一样，都是弱国，您打着扶危济困的旗号去帮助鲁国，可是转头又先向越国下手，这样恐怕不合适。到时候，既错过了援助鲁国的最佳时机，又把自己的名声搞臭了，得不偿失。如果您担心越国背后捅刀子，那我可以去劝说越国的国君，让他派兵响应你的号召，一起去打齐国。这样一来，越国的军队都得听您指挥，您也就不用担心他们背后搞小动作了。"

　　夫差同意了子贡的提议。于是，子贡又马不停蹄地奔向了越国。

　　越王勾践听说子贡要来，赶紧亲自去迎接他。见到子贡之后，勾践问子贡："您屈尊到我们这蛮荒之地，是有什么事情吗？"

　　子贡说："我正在劝说吴王出兵攻打齐国，援助鲁国，他已经答应了。但是他又担心越国趁他去攻打齐国的时候在背后捅刀子，就想先出兵把你们给灭了。唉，你们越国恐怕要有大麻烦了！"

　　听到这话，勾践有些吃惊，说道："这是什么话？我哪里敢去打吴国啊？"

　　子贡却说道："若您没有报仇之心，受到别人的猜忌，那就太愚蠢了；若您有报仇之心，被别人看穿，那就太危险了；如果您想报仇，结果还没动手就被人给消灭了，那未免也太失败了。"

　　勾践急忙问子贡："那我究竟该怎么办？"

　　子贡答道："夫差这个人，凶狠残暴，为了实现自己的野心，更是连年征战，士兵们早就怨声载道了。在朝堂上，身为贤臣的伍子胥被夫差所杀，而自私自利的小人伯嚭却受到重用，可见，吴国不会长久。您现在呢，就应该支持夫差去攻打齐国。这样一来，无论最后胜负如何，夫差的力量都会遭到削弱，等到那个时候，您的机会不就来了吗？"

　　游说完勾践之后，子贡又赶到了晋国，告诉晋国的国君，吴王夫差很快就会出兵攻打齐国，一旦成功，必然会向晋国进攻，一定要做好应敌的准备。

　　在子贡声东击西的游说和推动下，天下局势很快就发生了变化。越王勾践向吴王夫差投诚，支持他攻打齐国；吴王夫差率大军在齐鲁边境与齐军交战，把齐军打得溃败而逃；战胜齐国后，吴国乘胜攻打晋国，但晋国方面早有防范，夫差最终落败；越王勾践得到消息后，立即带兵攻入吴国。最终，夫差被勾践所杀，勾践成为新的春秋霸主，而鲁国也总算得以保全。

第三十六计
走为上计

妙计破译

敌军实力太强的时候，应该选择撤退，避开强敌。退在左边扎营，既不会有危险，也没有违背行军常道。

❧ 刘邦急走鸿门宴 ❧

公元前 206 年，刘邦大军率先攻入咸阳城。看着奢华的宫殿和美丽的宫娥，刘邦险些迷失其中，幸好谋士张良提醒，刘邦这才回过神来，命人封存宝库、登记俘虏，打算恭恭敬敬地把所有战果都奉送给竞争对手项羽。

刘邦这么做，并非因为他没有野心，而是因为他清楚地知道，目前自己的实力远不如项羽，根本没有与之抗衡的资本。今天他要是真敢染指咸阳，明天就会直接被项羽给灭了。

刘邦的顾虑的确是有道理的。虽然在攻打咸阳之前，楚怀王熊心就发了话，说谁能先入关，谁就是关中王。但现在，当项羽得知刘邦居然先他一步攻入咸阳之后，就对他起了杀心，打算将刘邦的势力尽数诛灭。毕竟在绝对的实力差距面前，口头的约定又有什么意义呢？

况且，虽然刘邦因形势所迫，一直掩藏自己的野心，但并不意味着就真没人能看透他。比如：项羽手下的谋士范增就一直视刘邦为项羽称霸路上最大的阻碍。他对项羽说道："此次刘邦进入咸阳，不图财物，不要美女，可见他的野心不小。不趁现在把他消灭，将来必定后患无穷。"

项羽本就气愤刘邦先入咸阳的举动，范增这么一说，项羽当即就拍板决定要把刘邦给灭了。当时，项羽有兵马四十万，驻扎在鸿门；而刘邦只有兵马十万，驻扎在灞上，两军相隔不过四十里地。

项羽的叔父项伯和刘邦手下的谋士张良是有些交情的，张良还曾救过项伯的命。因此，在得知项羽和范增的打算后，项伯便赶去灞上，劝张良赶紧逃走，不要给刘邦"陪葬"。

张良自然不愿意离开刘邦，他赶紧带着项伯一起去见刘邦，把这个消息告诉了他。刘邦一听，当即吓得脸色发白，恳切地对项羽表了一通忠心，并央求项伯在项羽面前替自己说说好话，解释一下误会。

项伯实在不愿意自己的救命恩人死于非命，权衡再三后还是同意了刘邦的请求，并叮嘱他一定要亲自去向项羽赔礼道歉。

按照刘邦当时的处境，去鸿门向项羽赔礼道歉，无异于是羊入虎口，凶多吉少。可问题是，如果不去，恐怕就真的没有活路了。次日清晨，刘邦还是带着张良、樊哙和一百多个随从去了鸿门。

见到项羽之后，刘邦赶紧上前，低声下气地说道："我与将军一起同心协力地攻打暴秦，将军在黄河以北作战，我在黄河以南作战。就连我自己都没想到竟能侥幸先入关中，今天能在这里和将军相见，我实在太高兴啦！只是听说居然有人四处散布流言，还在您面前挑唆，破坏我们的关系，这可真是太不幸了，将军可千万不要轻信小人之言啊！"

看到刘邦一副情真意切的样子，项羽不免有些心软，也担心自己是不是误会了他，加之项伯又一直为刘邦说好话，因此，在酒席上，范增一直向项羽使眼色，项羽都假装没看到，不肯下令诛杀刘邦。

见项羽迟迟不下命令，范增知道，他恐怕又心软了，但如果错过这个机会，日后再想杀刘邦，恐怕就难了。于是，范增便借故离席，悄悄去找了项羽的堂兄弟项庄，交代他说："你进去给大家敬个酒，然后找个时机把刘邦给杀了。"

之后，项庄果然按照范增的安排进去敬了酒，然后便提出要给众人舞剑助兴，打算借机杀了刘邦。项伯看出了项庄的用意，于是干脆也拔剑起舞，和项庄一起"表演"，实则为了保护刘邦，让项庄没有机会刺杀刘邦。

眼看情况危急，张良赶紧离开酒席去找他们之中战斗力最强的樊哙。樊哙一听刘邦有危险，提着剑就冲进了营中，怒气冲冲地直视项羽。

项羽倒也不生气，见樊哙十分勇武，还吩咐左右赏赐了他一杯酒和一只猪腿。樊哙端起酒一饮而尽，然后气愤地说道："沛公自从入咸阳之后，便立即令人封了库房，关了宫室，军队也只驻扎在灞上，天天盼着将军到来。可如今呢，沛公这般忠心，不仅没得到什么赏赐，反而让将军生出猜忌之心，想

要杀害他，将军这难道是要走秦王的老路吗？"

听了这话，项羽一时也有些心虚，愈发拿不定主意杀刘邦了。过了一会儿，见情势有所缓和，刘邦便以如厕为由，悄悄离开宴席，留下一些礼物让张良分别交给项羽和范增，接着就在樊哙的护送下偷偷离开，跑回灞上了。

等刘邦走远之后，张良这才回到宴席，道歉说："沛公不胜酒力，先行离开了，让我带来一双白璧献给大王和一双玉斗献给大将军。"项羽问沛公在哪里，张良说他怕大王有意责备他，就独自走了，已经回到军营了。项羽听说刘邦走了，就收了白璧，把它放在座位上。

听到刘邦居然已经偷偷溜走，范增气急败坏，接过张良递给他的玉斗，用剑把它打碎了。恼恨地叹息道："唉，这小子不值得与他共谋大事！将来夺取天下的必定是沛公，我们都将会成为他的阶下囚！"

佯装逃跑的楚军

春秋时期，群雄争霸，楚国国君楚庄王经过多年的韬光养晦、励精图治，将楚国逐渐发展得强大起来，

也加入了群雄逐鹿之列，打算争夺天下霸主的地位。

为了提升国力，扩大地盘，楚庄王决定先向邻近的庸国下手。楚王任命对庸国地理人情比较熟悉的卢戢黎为将，率领楚军前去攻打庸国。楚军势如破竹，士气高涨，很快就在卢戢黎的带领下一举拿下庸国的方城，夺得了第一场胜利。

之后，楚军便以方城为据点，继续深入庸国腹地。庸军奋力抵抗，一时之间，竟让楚军难以寸进，战事也随之陷入了僵局。而更让卢戢黎头疼的是，当初在率领楚军继续深入庸国腹地的时候，卢戢黎让他的儿子卢扬窗留守方城，结果没想到，这卢扬窗因为麻痹大意，居然被庸人给抓了。

好在卢扬窗也是个机敏的人，被俘虏后，没几天就趁着守卫不注意，越狱逃了出来。在逃亡的过程中，卢扬窗对庸人的军事部署和军力情况也有更深入的了解。回到楚军营地后，卢扬窗便去见了卢戢黎，将自己一路掌握的情报都详细告诉卢戢黎，并对他说道："这庸国兵马强盛，实力不容小觑。而且他们集结了诸多部落，士兵个个高大魁梧，兵器也十分先进。我军现在人数太少，恐怕干不过他们。不如先把主力军和后备人马都调集起来，一起攻打庸军，这样还有获胜的可能。"

大夫潘尪听了卢扬窗的话后，不同意他的建议。潘尪说道："我认为这个方法不好。咱们应该立刻就去攻打庸军，而且打的时候，只能败，不能胜。"

听到这话，众人都傻了。有将领说道："咱们这一路打得本就不顺利，士气十分低落，根本不是出战的好时机。再说了，这打仗本就是奔着胜利去的，在现在这种状况下，不是更应该想想怎么赢几场漂亮仗来鼓舞士气才对吗？为什么还要故意去吃败仗呢？"

潘尪解释道："庸国兵强马壮，若正面交战，我军未必能够占到多少便宜。最好的方法就是智取。而非硬拼。现在，庸军占据优势，尤其是刚打了胜仗，士气正旺，同时也是最容易骄傲的时候。我们这时候去攻打他们，然后再假意失败退走，必然会让他们更加骄傲自满，认为我们不堪一击。而自古以来，骄兵必败。当他们骄傲轻敌的时候，就是最容易露出破绽的时候，只要能抓住他们的破绽，再觅得良机，我军自然就能取胜！"听了潘尪的计策，众人这才恍然大悟，连连称好。

之后，楚军在潘尪的指挥下与庸人一连交战七次，每次都是刚交手不久就败下阵来，落荒而逃，而且一仗比一仗败得惨，丢盔弃甲，狼狈不已。接连的胜利让庸军十分自得，甚至觉得楚军现在已经是强弩之末，不堪一击了，因此防备也比之前松懈了不少。

见庸军已经麻痹大意，楚军立即抓住时机，兵分两路对庸国发起了猛烈的进攻。见到来势汹汹的楚军，庸军大为吃惊，加之先前因轻敌而放松戒备，根本无法抵抗住楚军的攻势。就这样，庸军节节败退，庸国最终被楚国灭亡了。